QUE SA

Les mots français

HENRI MITTERAND

Professeur émérite à la Sorbonne nouvelle

Neuvième édition corrigée

71ᵉ mille

DU MÊME AUTEUR

Emile Zola, les Rougon-Macquart, coll. « Pléiade », éd. Gallimard, vol. I, 1960 ; vol. II, 1961 ; vol. III, 1964 ; vol. IV, 1966 ; vol. V, 1967 : « Etudes, notes, variantes, appendice, bibliographies et index ».

Zola journaliste, coll. « Kiosque », éd. A. Colin, 1962.

Album Zola, Iconographie commentée d'Emile Zola, en collaboration avec Jean VIDAL, éd. Gallimard, 1963.

Œuvres complètes d'Emile Zola, en quinze volumes, Paris, Cercle du Livre Précieux, 1966-1970 : Direction de la publication, notices et notes.

Nouveau Dictionnaire étymologique, en collaboration avec Albert DAUZAT et Jean DUBOIS, éd. Larousse, 1964.

Emile Zola journaliste. Bibliographie chronologique et analytique, t. I : *1859-1881,* en collaboration avec Halina SUWALA, éd. Les Belles-Lettres, 1968.

A B C de grammaire française, éd. Nathan, 1969.

Littérature et langages, en collaboration, éd. Nathan, 1974-1976, 5 vol.

Le Discours du roman, P.U.F., 1980.

Langue française, en collaboration, éd. Nathan, 1981.

Zola et le naturalisme, coll. « Que sais-je ? », P.U.F., 1986.

Littérature. Textes et documents (5 vol.), en collaboration, éd. Nathan, 1986-1988.

Le regard et le signe. Poétique du roman réaliste et naturaliste, P.U.F., 1987.

Emile Zola. Carnets d'enquêtes, coll. « Terre humaine », Plon, 1986.

Zola, l'Histoire et la fiction, P.U.F., 1990.

L'illusion réaliste, P.U.F., 1994.

Zola, coll. « Découvertes », Gallimard, 1995.

Dictionnaire des œuvres du XXe siècle, direction de la publication, Dictionnaires *Le Robert,* 1995.

ISBN 2 13 044897 6

Dépôt légal — 1re édition : 1963
9e édition corrigée : 1996, février

INTRODUCTION

Les théories romantiques ou évolutionnistes, qui voyaient dans le mot un « être » unique, ne tenant que de lui-même les principes de son évolution formelle et sémantique, proposaient des faits lexicaux une interprétation plus poétique que scientifique (1). La lexicologie contemporaine, débarrassée du fétichisme de l'*individu-mot*, fonde ses recherches sur l'hypothèse que la destinée de tout mot, et de tout *ensemble de mots*, est soumise à un double déterminisme : celui qui tient à l'intégration du mot dans une *structure* de formes et d'emplois, et celui qui tient à l'interaction permanente des faits économico-sociaux et des faits linguistiques.

La notion même de mot est mise en question. Décomposable en unités significatives plus petites *(chant -ait, bagag -iste, charm -ant)*, le mot dépend de plus étroitement de son entourage dans la chaîne parlée, tant pour sa fonction syntaxique, et pour son sens, que pour son débit et son accentuation. Entre le *monème* (2), unité significative élémentaire (laquelle peut être un mot simple, un radical, un affixe, ou une désinence), et la *lexie* (3), unité fonctionnelle et significative du discours (la-

---

(1) V. Hugo : « Car le mot, qu'on le sache, est un être vivant » *(Les Contemplations)*.
(2) Voir A. Martinet, *Eléments de linguistique générale*, p. 20.
(3) Voir A. Martinet, Le mot, *Diogène*, n° 51, 1965, pp. 39 à 53.

quelle peut être un mot simple, un mot construit, ou un groupe de mots ou *synthème*), le mot, défini habituellement à partir de critères graphiques (ensemble de lettres entre deux blancs) semble avoir une autonomie linguistique fort incertaine. Ce fait a été accusé par les recherches théoriques et appliquées de la linguistique structurale.

A supposer que le mot existe aux yeux des linguistes, certains philosophes se montrent sceptiques sur son aptitude à réaliser sa fonction fondamentale, en tant que moyen le plus commode dont dispose un être humain pour exprimer ce qu'il ressent et ce qu'il pense, et entrer en communication avec ses semblables. Le mot serait *mythe (muthos)* plutôt qu'instrument inerte du discours *(logos)*. Apportant avec lui la substance des traditions et des croyances collectives dont l'histoire l'a chargé, il traduirait les *pensers* de la société — et qui pis est, ses pensers *conventionnels* — bien plus que la conscience libre et sincère du sujet parlant. Instrument de tromperie, il contribuerait, dans l'usage quotidien, à asservir l'individu aux structures mentales et à l'idéologie de son groupe. A moins d'une révolte contre le *langage reçu* — en même temps que contre les *idées reçues* — qui serait le fait de rares sujets : les poètes et les prophètes...

Nous nous abstiendrons d'instruire ce double procès, relativement aux mots français. Nous n'en indiquons les données, fort brièvement, que pour situer à sa juste et modeste place notre propos, qui s'inscrit, par son esprit et par son plan, dans la ligne des observations traditionnelles : en deçà des recherches de la linguistique générale et de la sémiologie.

L'observation des mécanismes de commutation des formes et des sens, en français, a permis depuis longtemps d'identifier des assemblages de sons en ordre constant, insécables dans l'énoncé, et pourvus d'une signification. Ce sont ces assemblages, tantôt indépendants, tantôt inséparables, d'assemblages contigus, que nous tenons pour des mots, conformément à la tradition lexicographique. On trouvera ci-après une description succincte de leurs stratifications numériques, de leurs principales sources de formation et de leurs types formels, ainsi que des phénomènes qui les affectent dans leur signification.

Pour des raisons de méthode et de commodité à la fois, nous nous sommes borné à décrire les structures du vocabulaire français contemporain. Celui-ci n'est pas mieux connu que le vocabulaire des époques révolues, mais son étude a l'avantage de fournir aisément des exemples plus sûrs pour le *langage usuel* d'aujourd'hui, que les textes d'autrefois pour leur époque, et de se relier aux recherches de la linguistique appliquée moderne, préoccupée non seulement de *décrire* la langue, mais de l'*enseigner* et de la *traduire* dans les meilleures conditions possibles d'efficacité. Nous avons jugé utile, à cet égard, d'ajouter à l'ouvrage un dernier chapitre, pour présenter une science qui est restée longtemps une parente pauvre de la linguistique, mais dont les méthodes ont été marquées depuis une vingtaine d'années d'un subit rajeunissement, source d'un prestige neuf : la *lexicologie*. Par le fait, cet ouvrage n'a pas été conçu autrement que comme un aide-mémoire de *lexicologie française*.

Chapitre Premier

L'INVENTAIRE DES MOTS

L'inventaire de toutes les formes distinctes fonctionnant en français contemporain n'a pas encore été fait. Les relevés qui existent, même les plus vastes, sont incomplets. La tâche est au reste infinie. Chaque jour se créent de nouveaux mots, et dans sa course perpétuelle contre le lexique, le lexicographe est inévitablement perdant : il sera toujours devancé par le dernier apparu des néologismes (1).

I. — Formes et « adresses »

On peut cependant établir des inventaires, dans des limites définies d'usage, ou de fréquence.

Pour le relevé des unités faisant l'objet d'une mention ou d'un article distinct (ou « adresse ») (2), les dictionnaires ne tiennent compte, en général, que des différences formelles : les sens multiples d'un même mot sont énumérés, sauf exception, sous une même « adresse ». Mais le critère formel, qui est plus précisément un critère *graphique*, est corrigé sur deux points. Au polymorphisme du mot fléchi (*venir*, *il vient*, *nous viendrons*, etc.), répond dans l'inventaire une forme unique (l'infinitif pour les

(1) Voir Louis Guilbert, *La créativité lexicale*, Larousse, 1975.
(2) Voir Claude et Jean Dubois, *Introduction à la lexicographie*, Larousse, 1971.

verbes, le singulier pour les noms, le masculin singulier pour les adjectifs, etc.). Inversement, il arrive que des formes d'orthographe identique, ou *homographes*, soient relevées séparément, lorsqu'elles répondent à des étymons distincts, lorsqu'elles appartiennent à des classes grammaticales différentes, lorsqu'elles sont de nombre ou de genre différents, ou lorsque leurs domaines d'emploi sont éloignés à l'extrême : *pointer* (de *pointe*) et *pointer* (de *point*), *aval* (sens descendant du courant, du français *a* et *val*) et *aval* (garantie donnée par un tiers sur un effet de commerce, de l'italien *avallo*), *enceinte* (substantif) et *enceinte* (adjectif), *gueule* et *gueules* (signe de blason), *platine* (masculin) et *platine* (féminin), *mousse* (variété de végétal) et *mousse* (écume se formant à la surface de certains liquides), etc.

La distribution des formes homographes à l'intérieur d'articles uniques ou multiples du dictionnaire ne se fait pas sans quelque arbitraire. Le *Petit Larousse* sépare *gueule* et *gueules*, mais réunit *verre* (la matière) et *verre* (l'objet). Il sépare *plein* (adjectif) et *plein* (préposition), tandis que le *Dictionnaire du français contemporain* (Larousse, 1967) les réunit. De même, pour les flexions : *plissé*, substantif, est distingué de *plissé*, participe passé de plisser ; mais non pas *un paumé*, substantif populaire, de *paumé*, participe passé de *paumer*, verbe populaire, enregistré comme tel. On conçoit l'incertitude des lexicographes dans nombre de cas (1). Les homographes distingués dans un dictionnaire d'usage ne représentent cependant qu'une très petite

---

(1) Voir Charles MULLER, Le mot, unité de texte et unité de lexique en statistique lexicologique, *Travaux de linguistique et de littérature*, I, Université de Strasbourg, 1963. Voir aussi les travaux d'Etienne BRUNET, par exemple *Le vocabulaire français de 1789 à nos jours d'après les données du « Trésor de la langue française »*, Paris, Champion, 1981.

proportion du nombre total des formes relevées. La proportion des cas discutables (distinction ou rattachement abusifs) est encore plus faible. Elle n'est pas suffisante en tout cas pour dénuer de sens la numération des formes enregistrées dans les divers types d'inventaires, ainsi que leur étude statistique.

II. — Les degrés de la numération

On obtient des chiffres très différents, selon la nature et le but des relevés. Un dictionnaire de large usage comme le *Petit Larousse*, qui accueille, outre les mots du français « tenu » et non spécialisé, une quantité considérable de termes techniques et scientifiques, recèle environ 70 000 mots. Le *Dictionnaire de l'Académie française* (éd. de 1878), qui s'arrête « au bon usage », « ne recueille et n'enregistre que les mots de la langue ordinaire et commune, de celle que tout le monde, ou presque tout le monde, entend, parle et écrit », et « renvoie aux dictionnaires spéciaux les mots qui appartiennent aux connaissances spéciales » (1), en contient près de 30 000. Le *Dictionnaire du Vocabulaire essentiel* de M. Matoré (Larousse) en enregistre 5 000. Mais le *Grand Larousse encyclopédique* en dix volumes ne comprend pas moins de 200 000 mots. Quant au *Trésor de la langue française* (2), il comptera 90 000 à 100 000 mots du XIXe et du XXe siècle, mais il repose sur le dépouillement de plusieurs dizaines de millions d'occurrences (ou emplois différents des mêmes mots). Et les « Observatoires du français contemporain », à l'Institut national de la Langue française, ont enregistré jusqu'en 1995 plus d'un million de néologismes...

(1) Préface, p. VI.
(2) Voir ci-dessous. p. 111.

En réalité, ces chiffres n'ont qu'une signification restreinte, si l'on songe qu'aucun Français n'utilise, ni même ne comprend la totalité des mots du *Petit Larousse*, mais qu'inversement les 3 000 mots du *Dictionnaire fondamental* de G. Gougenheim représentent environ le tiers du vocabulaire commun à la quasi-totalité des francophones : celui des relations sociales simples, du travail et des loisirs quotidiens, de l'actualité sociale et culturelle. Encore les « parleurs » se diversifient-ils à l'infini par la composition du langage qui leur est familier. On peut dire sans paradoxe qu'il existe autant de lexiques que d'individus ayant le français pour langue maternelle. Si le médecin et le paysan disposent en commun d'une même tranche du vocabulaire français, chacun d'eux possède en propre un lexique ignoré de l'autre. Et tous les deux ignorent (sauf exception) le vocabulaire spécialisé du musicien ou de l'entrepreneur de bâtiment... Tel individu, placé dans telle circonstance exceptionnelle, emploiera des vocables qui lui étaient demeurés inusités plusieurs années durant.

Si l'on considère que le lexique de la langue française à une époque donnée est constitué par la somme de tous les mots apparus dans la bouche ou sous la plume de la totalité des francophones pendant la durée choisie comme base de l'enquête, on admet d'autre part que tout langage individuel, tout « discours » réel, repose sur une somme virtuelle de mots inférieure, dans une proportion plus ou moins marquée, au lexique général. La marge est généralement importante : elle varie selon l'âge, les dispositions intellectuelles, la culture, la profession du sujet (1).

_____

(1) L'étendue de ce lexique virtuel varie également chez les écrivains. Pierre GUIRAUD, dans son étude sur les *Caractères statistiques du vocabulaire*, propose, pour les 4 009 mots fort différents

III. — La disponibilité

Il convient donc de distinguer, de l'existence des formes dans la langue, leur *disponibilité* dans le discours individuel. Ni les mots concrets (vocabulaire des êtres et des choses), ni les mots abstraits (vocabulaire des idées) ne sont tous également *probables* chez tout sujet, à tout moment, et en tout lieu. Que l'on oriente une conversation de table sur le travail des vignes et du vin, dans une famille bourguignonne, et l'on entendra aussitôt quantité de termes qui n'auraient aucune chance d'apparaître à Paris, dans une conversation sur le même thème. Exemple plus significatif peut-être : le degré de disponibilité du vocabulaire de l'électronique et de l'informatique (mâtiné d'anglicismes !) est aujourd'hui incomparablement plus élevé parmi la moyenne des garçonnets de douze ans que parmi la moyenne des pères de quarante. *Fiacre*, mot familier aux citadins, au début du siècle et encore entre les deux guerres, et qui suscite chez les personnes nées avec le siècle la nostalgie de la « belle époque », est tombé en désuétude ; les enfants l'ignorent complètement, alors même qu'il continue d'être enregistré par les dictionnaires d'usage. Inversement, si les adultes n'usent guère, semble-t-il, du mot *carrosse*, les enfants le connaissent, et l'emploient dans leurs jeux, pour l'avoir lu dans les contes de fées ou dans *Les Trois Mousquetaires*. On peut relever par centaines des exemples de ce genre, qui montrent, pour un volume lexical sensiblement

que comptent *Les Fleurs du Mal*, de Baudelaire, un lexique virtuel de 25 500 mots ; pour les 2 175 mots des *Illuminations*, de Rimbaud, un lexique virtuel de 42 000 mots ; pour les 3 115 mots des *Cinq Grandes Odes*, de Claudel, 50 000 mots virtuels. Le lexique virtuel de *La Légende des siècles*, de Hugo, se chiffrerait ainsi à 60 000 mots, et celui des œuvres de Rabelais à une centaine de milliers.

identique partout, une diversification des formes *disponibles* parallèles à la diversification des milieux, des sexes et des âges.

IV. — La fréquence

Il faut d'autre part marquer avec force la distinction nécessaire entre la *disponibilité* et la *fréquence* : les mots *probables*, *disponibles*, *usuels* pour un sujet et une situation déterminés, ne sont pas pour autant les mots qui apparaissent le plus fréquemment dans les textes, parlés et écrits.

Les dictionnaires usuels — Académie, Littré, Larousse, Robert, etc. — n'indiquent en aucune manière la fréquence des mots dans l'usage et les placent tous, de ce point de vue, sur le même plan. De récents travaux ont cependant donné une expression mathématique à une observation que chacun peut faire : certaines formes reviennent constamment dans la parole — *le*, *mon*, *ai*, *pas*, *faire* — d'autres apparaissent souvent, quoique de manière moins régulière — *bon*, *prendre*, *heure*, *chose*, *truc*, *alors*, *voiture*, etc. — enfin une masse de termes ne sont utilisés que de manière tout à fait fortuite, et pour certains, fort rarement, sinon jamais — *supérieur*, *opéra*, *conversation*, *nettoyer*, *office*, *responsabilité*, *sédimentaire*, *baobab*...

On a ainsi établi des listes de mots classés par fréquence croissante ou décroissante, à partir de dépouillements abondants, pratiqués tantôt dans le lexique littéraire, tantôt dans le lexique de la conversation. Les 400 000 *occurrences* des textes dépouillés pour le *Dictionnaire de fréquence* de V. C. A. HENMON (romans, théâtre, poésie, essais, XVIIIᵉ siècle, fin du XIXᵉ et début du XXᵉ siècle) ont fourni 9 000 *mots* différents ; les 1 147 748 occurrences des relevés de Vander Beke, plus homogènes (prose littéraire, journalistique et scientifique, fin du XIXᵉ et début du XXᵉ siècle), ont donné 19 000 mots différents. Les 312 135 mots dépouillés pour l'établissement d'un « français élémentaire » (en 1954, 163 textes différents, issus de l'enregistrement de conversations avec des témoins d'origines géographiques et sociologiques fort diverses) ont fourni 7 995 mots différents. Les 1 368 mots du français élémentaire — ou français fondamental 1er degré — sont constitués d'environ 700 — les plus fréquents — des mots ainsi relevés et d'un nombre à peu près égal de mots, tenus soit pour disponibles dans la langue usuelle, soit pour indispensables à un rudiment d'expression abstraite (1).

Les études que Pierre Guiraud a menées sur la langue littéraire moderne, en reprenant les listes de Vander Beke, pour la prose, et en dépouillant divers textes de la poésie symboliste, l'ont amené à définir les « caractères statistiques du vocabulaire », et à poser ce théorème : « La fréquence d'un mot est liée à l'ensemble de ses caractères phoniques, morphologiques, sémantiques, étymologiques ; toute modification de la fréquence entraîne des changements dans ces caractères » (*ouvr. cit.*, p. 4). Dans une liste de mots rangés par ordre décroissant de fréquence, les 100 premiers mots recouvrent 60 % de la totalité des mots du texte dépouillé, quel qu'il soit ; les 1 000 premiers mots, 85 % ; les 4 000 premiers mots, 97,5 %, et les 20 000 ou 30 000 autres (dans l'hypothèse d'un dépouillement de très grande ampleur, portant sur plusieurs millions d'occurrences), 2,5 %... Tandis que les mots de structure ou mots-outils, sémantiquement « vides », (articles prépositions, pronoms, etc. : le, de, il, ce, qui...), au nombre d'une centaine, sont les plus fréquents et constituent la moitié du nombre total des mots de tout texte, les mots de signification, ou mots « pleins » se répartissent en trois catégories : les « mots-thèmes »,

(1) Voir aussi Nina CATACH, *Les listes orthographiques de base*, Nathan, 1985.

une cinquantaine environ dans la *langue*, mais qui constituent 9 % du *discours* et se caractérisent à la fois par leur fréquence élevée et leur grande extension sémantique ; les « mots de base », au nombre de 4 000 dans le lexique *virtuel* et qui forment 80 % des mots pleins du vocabulaire *contextuel* ; enfin 20 000 mots *virtuels*, ou davantage, de faible fréquence, mais de sens très précis, qui couvrent 5 % des mots pleins d'un texte (1).

Les auteurs du *Français élémentaire* sont parvenus à des résultats semblables. Leurs listes de fréquence et leurs pourcentages présentent cependant avec ceux de Vander Beke ou de Pierre Guiraud des divergences de détail, qui s'expliquent par le fait qu'ils ont travaillé sur le français parlé, à l'exclusion des textes littéraires.

Voici, à titre d'exemple, la liste, par fréquences décroissantes, des cinquante mots les plus employés dans les textes qu'ils ont enregistrés : *être* (toutes formes réunies), *avoir, de, je, il(s), ce* (pronom), *la* (article), *pas* (négation), *à, et, le* (article), *on, vous, un* (article), *ça, les* (article), *que* (conjonction), *ne, faire, qui* (relatif), *oui, alors, une* (article), *mais, des* (article indéfini), *elle(s), en* (préposition), *dire, y, pour, dans, me, se, aller, bien* (adverbe), *du, tu, en* (pronom-adverbe), *au, là, l'* (article *le*), *comme, voir, non, savoir, nous, puis, ah, l'* (article *la*), *oh*. Les formes du verbe *être* apparaissent 14 083 fois (sur 312 000 occurrences), *oh*, 1 258 fois. Et voici, à l'autre bout de la liste des 1 063 mots différents apparus au moins 20 fois, les 35 mots relevés chacun à raison de 20 exemples : *prêt* (adjectif), *complet* (id.), *goût, repasser, spécial, condition, retirer, actuel, dîner* (nom), *effort, faute, octobre, supposer, rien du tout,*

---

(1) Voir les travaux de M. Charles MULLER, qui applique la méthode statistique à la comparaison des différentes parties d'une même œuvre littéraire, ou d'un recueil : Calcul des probabilités et calcul d'un vocabulaire, *Travaux de linguistique et de littérature*, II, 1, 1964, Strasbourg ; *Étude de statistique lexicale. Le vocabulaire du théâtre de Pierre Corneille*, Paris, Larousse, 1967 ; *Initiation à la statistique linguistique*, Paris, Larousse, 1968. — Voir aussi, par exemple, Etienne BRUNET, *Le vocabulaire de Zola*, Champion, 1985, 3 vol.

grand-mère, intention, jeudi, refuser, surveiller, tromper, vérité, fête, mécanique, nettoyer, chaleur, éducation, garage, période, pointe, tableau, programme, château, excursion, guide, inventeur.

La confrontation de la liste de fréquences du *Français élémentaire* et de la liste de Vander Beke met en évidence les divergences de structure grammaticale et de distribution lexicale de la langue parlée et de la langue littéraire : pour *docteur* et *médecin*, le rapport de la langue parlée est inverse de celui de la langue écrite ; de même pour *à présent* et *maintenant*. Des formes grammaticales comme *dont* ou *aucun* sont nettement plus fréquentes dans la liste de Vander Beke que dans celle du *Français élémentaire*. Mais le rapport se renverse pour *ça* ou *on*, sans parler de termes populaires comme *gosse, bouquin*, ou *type*, ou de termes passe-partout, tels *truc, machin* ou *faire*, destinés à suppléer dans la conversation familière à la défaillance des mots propres et qui sont, avec quelques interjections et expressions stéréotypées, les véritables « mots de base » du discours parlé (1).

On fera place également, dans une réflexion sur la fréquence et la disponibilité, aux *archétypes sémantiques* : noms abstraits ou concrets qui sont le noyau de riches constellations de sens et de locutions figurées, ainsi que de valeurs symboliques, et dont l'emploi en discours est très fréquent (avec de multiples effets de sens) (2). Exemples : *prendre, marcher, mot, créneau, ciel, cœur*, etc.

(1) Sur l'ensemble de ces problèmes, voir R. LAGANE, De la notion de vocabulaire essentiel, introduction au *Grand Larousse de la langue française*, vol. I, Paris, 1971.
(2) Voir J. PICOCHE, *Structures sémantiques du lexique français*, Paris, Nathan, 1986.

CHAPITRE II

LES COUCHES DIACHRONIQUES DU VOCABULAIRE FRANÇAIS

Considérés du point de vue de leur origine, les mots constituent une masse hétérogène. Si la plupart sont « sentis » comme autochtones, une faible proportion est formée de mots empruntés à des idiomes étrangers et reconnus comme tels.

Parmi les mots du fonds héréditaire, quelques-uns ont pour origine une onomatopée : leur prononciation imite ou rappelle un bruit naturel : *coucou*, *piailler*, *ronron*, *brouhaha*, *froufrou*, *murmure* (lui-même issu d'un *murmur* latin, où la répétition des deux voyelles, alors prononcées [u], associée au « roulement » des *r* évoquait au contraire un grondement puissant). Mais la plupart des mots ne laissent percevoir aucun lien d'effet à cause entre leur forme et la réalité qu'ils désignent.

I. — Le fonds primitif

De nombreux mots sont issus d'un fonds primitif très ancien, antérieur aux premiers témoignages écrits, par une transformation ininterrompue de la prononciation, dans l'usage parlé, et de la graphie, dans les textes : le fonds celtique et pré-celtique, le plus ancien, mais aussi le plus pauvre (quelques termes d'origine gauloise désignent des végétaux, des oiseaux, des choses de la terre : *chêne, bouleau, alouette, bec, charrue, soc, raie, sillon, glaner,* etc.) ; le fonds latin, ou plus exactement latin vulgaire, qui est le fonds proprement originel ; le fonds germanique, qui, du IVe au VIIe siècle, a fourni un apport assez considérable aux idiomes d'origine latine parlés à l'intérieur de l'hexagone (sur les 1 000 mots les plus fréquents relevés par l'équipe du français élémentaire, environ 35 formes sont d'origine francique ou plus généralement germanique : *franc, trop, marcher, (re)garder, guerre, bout, gars* (et *garçon*), *marquer, gagner, gare, anglais, tas, blanc, jardin, (dé)brouiller, début, colle, (ar)ranger, gêner, bord, bâtiment, bleu, riche, engager, danser, équipe, allemand, attraper, gauche, frapper, loge(r), taper*).

II. — Les apports classiques

A ce fonds primitif sont venus s'ajouter au cours des siècles des apports dont l'origine géographique et la richesse variaient selon les circonstances historiques : le plus important est l'apport latin qui n'a pas cessé d'être productif depuis l'époque (IXe siècle) où la langue vulgaire a commencé de s'enrichir de mots directement empruntés à la langue des clercs. Dans de nombreux cas, le mot d'emprunt, qui a conservé une forme très voisine de son étymon latin, *double* un mot primitif de même étymologie, mais qui est attesté beaucoup plus tôt, et que son évolution phonétique avait rendu méconnaissable. Ces *doublets* étymologiques ne sont pas pour autant des doublets phonétiques ni sémantiques : la forme primitive est plus courte que la forme empruntée postérieurement *(hôtel-hôpital, parole-parabole, raide-rigide)* et, d'autre part, la série « populaire » appartient pour l'essentiel à un registre concret et usuel du lexique, tandis que la série savante contient une forte proportion de termes abstraits ou spécialisés *(frêle-fragile, peser-penser, entier-intègre, loyal-légal, livrer-libérer, écouter-ausculter,* etc.).

Les mots d'importation latine qui se sont fixés dans l'usage général ne se distinguent plus aujourd'hui, sauf pour les historiens de la langue, des mots issus du latin par filiation directe. La source savante et la source populaire se mêlent à tous les degrés du lexique général : « Qui se douterait aujourd'hui, écrivait Gaston Paris, que des mots comme *régiment, nature, imbécile, facile, fatiguer, habituer, imaginer,* sont des mots savants ? » *(Mélanges linguistiques,* Paris, 1900, p. 206) (1).

Ce mouvement d'emprunts aux idiomes antiques fut particulièrement productif dans la première moitié du XVIe siècle, sous l'influence de l'humanisme. Le grec fit alors concurrence au latin comme langue d'appoint. Mais à l'inverse des emprunts latins, les emprunts grecs ont fourni à la langue plus de mots construits ou d'éléments de construction que de mots simples et ils se sont — sauf exception — confinés dans les glossaires spécialisés (médecine, rhétorique, politique, etc.) : même des mots simples comme *gramme, mythe, phrase, thèse, économe, politique,* etc., qui sont sentis aujourd'hui

(1) Sur les modalités complexes de certains emprunts au latin, voir E. BENVENISTE, Quelques latinismes en français moderne, *Le français moderne,* janvier 1955, pp. 1-12. Voir aussi Jacqueline PICOCHE, *Nouveau dictionnaire étymologique du français,* Les Usuels du Robert, 1987 ; Jacqueline PICOCHE et Christiane MARCELLO-NIZIA, *Histoire de la langue française,* Nathan, 1989.

comme parfaitement « autochtones », appartiennent
à un domaine sémantique « marginal » par rapport
au français fondamental.

III. — Les couches d'emprunts modernes

Notre vocabulaire héréditaire compte également
une grande quantité de termes issus des langues
étrangères modernes et passés en français entre
le xve et le xxe siècle. Une analyse diachronique
opérée sur la masse entière du lexique ferait apparaître une succession de *couches d'emprunts* parallèle
à la succession des influences économiques ou cultu-
relles qui se sont exercées de manière prépondérante
sur la communauté française, aux différentes époques de notre histoire.

L'italien, dans lequel le français a puisé à deux
reprises, au xvie siècle (à la suite des guerres
d'Italie, et avec l'entrée de princesses italiennes
dans la famille royale), puis au xviiie siècle (avec
le succès de la musique italienne), a fourni de nombreux termes aux lexiques de la guerre (*attaquer,
bastion, brigade, canon, cavalier, citadelle, colonel,
escadron, escorte, fantassin, soldats*, etc.), de la vie
mondaine (*cortège, donzelle, courtisan, page, ambas-
sade*, etc.), du commerce *(banque, bilan, crédit,
faillite)*, de l'art (*balcon, façade, fresque, mosaïque,
corridor, faïence, guirlande ; ariette, arpège, concerto,
finale, ténor, sérénade ; pastel, pittoresque*, etc.).
De l'Italie contemporaine, nous tenons *autostrade,
espresso, fascisme, fasciste*.

Les mercenaires espagnols, traversant la France
en tous sens, pendant les xvie et xviie siècles, au
hasard des guerres de religion, des frondes, ou des
guerres nationales, nous ont laissé des termes militaires *(adjudant, guérilla, camarade, mirador, mata-*

more). Les engouements de la mode ont naturalisé, pour certains à une époque récente, la *mantille*, le *cigare*, le *tango*, le *boléro*, etc. Les produits importés des colonies espagnoles, à partir du XVᵉ siècle, ont conservé leur désignation d'origine : la *vanille*, le *chocolat*, le *caramel*, l'*ananas*. Notre lexique « exotique » doit aussi au portugais *(mandarin, fétiche, caravelle, acajou, bambou, banane)* et à l'arabe (*élixir, orange, safran, guitare, calife*, etc.). Les mots *chiffre*, *zéro* (issus de deux transcriptions différentes de *sifr*, « zéro », proprement « vide »), *alchimie* (d'où est issu *chimie*) ont été empruntés à l'arabe dès l'époque médiévale, à la faveur des Croisades, par l'intermédiaire du latin scientifique.

On trouve des mots d'origine allemande notamment dans le lexique militaire *(sabre, cible, reître, bivouac, képi, obus, havresac, fifre, rosse, vaguemestre)*, mais aussi dans celui de la vie quotidienne *(loustic, choucroute, accordéon)*. Beaucoup ont pénétré dans la langue aux XVIᵉ et XVIIᵉ siècles, pendant les guerres qui ravageaient l'Europe. Les Suisses germanophones qui servaient en France sous l'Ancien Régime ont contribué à leur diffusion. L'Allemagne du XXᵉ siècle nous a laissé *ersatz*, *nazi*, *nazisme*, *putsch*.

La pénétration anglaise fut relativement plus tardive. C'est dans le courant du XVIIIᵉ siècle que la sympathie de Montesquieu, de Voltaire, des Encyclopédistes, pour le régime parlementaire de l'Angleterre, contribua à répandre en France des termes du lexique politique anglais : *budget*, *comité*, *jury*, *vote*, *opposition*, *parlement*, etc. Un peu plus tard, après l'Empire, l' « anglomanie », qui fut une mode dans la société française de la Restauration, nourrit de termes nouveaux tant le vocabulaire de la vie quotidienne *(bifteck, grog, rosbif)* que celui de la vie sportive *(sport, boxe, golf, jockey, match, partenaire, yacht, turf, record)*, et celui de la vie mondaine *(bar, raout, stand, sketch, tourisme, etc.)*.

Dans le dernier tiers du XIXᵉ siècle, le succès des romans russes traduits en français (Dostoïewski, Tourgueniev, Tolstoï) et celui de romanciers populaires comme Jules Verne *(Michel Strogoff)*, popularisèrent un certain nombre de termes d'origine russe, cantonnés cependant, pour la plupart, dans la désignation des choses et des êtres de la vie russe *(cosaque, boyard, isba, mammouth, moujik, steppe, ukase, toundra, vodka, samovar, etc.)*.

Il ne faut pas oublier enfin les « dépôts » laissés par les contacts de la langue commune avec les parlers régionaux (eux-mêmes souvent issus, par une voie indépendante, du latin), avec les lexiques spéciaux, et avec le parler vulgaire de Paris. Un des cas les plus frappants est celui du mot *rescapé*, parfaitement usuel aujourd'hui en français standard. C'était à l'origine, en Hainaut, la variante du participe *réchappé*, avec le sens de *sauvé*. Employé lors de la catastrophe de Courrières, en 1906, par les sauveteurs belges venus du Borinage, il fut répandu en français par les journalistes parisiens accourus sur les lieux. On a emprunté aux dialectes et aux patois des termes qui, généralement, désignent les réalités régionales *(biniou, dolmen, goéland*, pour la langue bretonne ; *cigale, bouillabaisse, aïoli, rascasse, sole, daurade*, pour le provençal ; *hisser, cingler, tillac, varech*, pour le normand ; *glacier, chamois, avalanche, moraine, alpage, varappe, luge, piolet, gruyère, tonnerre*, pour les parlers savoyards et suisses), mais aussi des termes qui sont devenus génériques pour des objets d'emploi national *(bijou*, du breton *bizou*, anneau, sur le radical *biz*, doigt ; *cabas*, du provençal *cabas*, désignant à l'origine un panier de jonc servant à l'expédition des fruits du Midi ; *chalet*, mot de la Suisse romande, désignant à l'origine les cabanes primitives des bergers sur les alpages, et qui fut popularisé par *La Nouvelle Héloïse)*.

Quant aux argots et à la langue populaire de Paris, qui comportent eux-mêmes de nombreux emprunts aux idiomes étrangers, ils ont alimenté le français standard dans des proportions relativement faibles, en raison de la censure exercée en permanence par les autorités qui assurent le maintien des « convenances linguistiques » (1). Mais leur influence s'exerce en permanence sur le français « desserré », dans la rue, à l'atelier, à l'armée, ou à la cité universitaire... On peut citer, parmi les termes passés de l'argot des malfaiteurs dans la langue commune *boniment* (de *bonnir*, « en dire de bonnes », cité par Vidocq en 1828), *bribe*, *dupe* (de *huppe*, employé autrefois avec la valeur de notre moderne *pigeon*), *grivois*, *polisson* (de l'argot ancien *polir*, au sens de *voler*, qu'on trouve dans Villon) ; et, parmi ceux qui ont fourni les argots professionnels (typographes, étudiants, etc.) : *coquille*, *manchette*, *bûcher*, *pion*, etc.

IV. — Le « français héréditaire »

Tous ces mots, quelle que soit leur origine, appartiennent au français héréditaire, dans la mesure où la conscience linguistique collective n'aperçoit en eux aucun trait qui les marque comme étrangers. Entre *bastion* et *question*, *banque* et *manque*, *adjudant* et *commandant*, *mantille* et *charmille*, *acajou* et *joujou*, *obus* et *confus*, etc., nulle différence, pour le « locuteur » qui ignore l'histoire de la langue. C'est que ces mots, et beaucoup d'autres, empruntés à une époque relativement ancienne, et conservés par la langue, ont adapté leur prononciation, leur orthographe et leur morphologie aux traits caractéristiques du français (2) : structure phonétique et syllabique, accent, graphie, désinences. L'adaptation a été facilitée par les bizarreries naturelles de l'orthographe française : le Français qui écrit *poids* un mot prononcé [pwa] n'est pas étonné d'écrire *shampooing* un mot qui lui est aussi familier que *poing*.

(1) Voir Jacques CELLARD et Alain REY, *Dictionnaire du français non conventionnel*, Hachette, 1980 ; Jean-Paul COLIN, *Dictionnaire d'argot*, Paris, Larousse, 1990. Sur les français régionaux, voir Pierre RÉZEAU, *Bibliographie des régionalismes du français*, Klincksieck, 1986.
(2) Voir Jean DUBOIS, L'emprunt en français, *L'information littéraire*, janvier-février 1963, pp. 10-16.

Ainsi *riding-coat* est devenu *redingote* : toutes les syllabes ici prononcées en anglais le sont également en français, mais le vocalisme et le consonantisme du mot se sont accommodés à la structure phonologique du français : la première syllabe a été rapprochée du préfixe usuel *re-*, l'accent tonique a pris sa place normale en français, sur la dernière syllabe prononcée, et enfin le mot a été affublé d'un *-e* muet terminal qui lui a conféré le genre féminin. L'italien *balcone* a été facilement francisé, comme nombre de mots italiens, par apocope de la voyelle finale (*artigiano*, artisan), maintien de l'accent sur la même syllabe, de pénultième devenue dernière, et nasalisation de la voyelle. Les mots italiens en *-a* final sont tout naturellement devenus des féminins français en *-e*. La langue a retrouvé là le processus qui avait affaibli en *-e*, à très ancienne époque, tous les mots latins en *-a*. Les transformations sont d'une amplitude variable selon la nationalité des mots d'emprunt, l'époque de leur apparition, leur appartenance lexicale, leur mode d'entrée en français. L'anglais *tunnel* est devenu [tynɛl], à la fois en raison de son orthographe et aussi peut-être pour éviter une rencontre homonymique avec un mot français de même étymologie, *tonnelle*. En tout cas, les mots d'origine étrangère passés par le moule de nos habitudes phonétiques, grammaticales et orthographiques sont entièrement assimilés et il n'y a pas lieu, autrement que dans une perspective diachronique, de les distinguer des mots du fonds primitif gallo-latino-germanique (1).

(1) Sur les sources du vocabulaire français, voir Jacqueline PICOCHE, *Nouveau Dictionnaire étymologique du français*, Paris, Les Usuels du Robert, 1987.

Chapitre III

LES STRUCTURES FORMELLES
DU VOCABULAIRE FRANÇAIS :
LA DÉRIVATION

I. — Mots simples et mots construits

Qu'ils nous soient venus historiquement du fonds primitif, des langues classiques savantes, ou des langues étrangères vivantes, les mots français peuvent se répartir, sur le plan de la synchronie, en *mots simples*, ou *mots radicaux*, et *mots construits* (1).

Nous retenons comme mot simple toute forme qui ne peut être amputée d'aucun élément phonique sans que la forme restante soit ou bien totalement inexistante dans la langue, ou bien une forme déclinée ou conjuguée de la forme initiale, ou bien une forme apparaissant dans un système de distribution contextuelle, et avec des connotations sémantiques, fort éloignés de ceux de la forme initiale. Dans la plupart des « familles de mots », la reconnaissance du mot simple se fait sans difficultés : ainsi de *nom*, dans une famille qui comprend *nommer*, *dénommer*, *renom*, *renommée*, *nomination*, etc. ; ou de mots comme *gare*, *minute*, *mener*, *père*, *vin*, *trouver*, *quart*, etc. Pour les « familles » qui, historiquement apparentées, sont synchroniquement étrangères, le problème est moins aisé. Soit *muer* et *remuer* : quoique *remuer* soit étymologiquement construit sur *muer*, nous le considérons comme un mot simple, tant *muer* et *remuer*,

(1) Voir R.-L. WAGNER, Observations sur les mots construits en français, *Revue de linguistique romane*, t. XXV, 1961, pp. 372-382 (repris dans *Essais de linguistique française*, Nathan, 1981), et Louis GUILBERT, La formation des unités lexicales, in *Grand Larousse de la langue française*, Paris, Larousse, 1971, t. I, pp. ix à lxxxi.

dans le fonctionnement morphosémantique du français contemporain, sont distants l'un de l'autre. Ces considérations ont au moins le mérite de correspondre au « sentiment linguistique » de la quasi-totalité des francophones d'aujourd'hui pour lesquels *muer* et *mue*, d'un côté, et *remuer, remuement, remue-ménage*, etc., constituent deux « familles » distinctes.

Les mots simples peuvent se diviser en *mots entiers* et *abréviations (moto, cinéma)*. Mais nous préférons renvoyer l'étude de ces dernières à la suite de l'étude des mots construits, pour cette simple raison qu'elles en sont le plus souvent issues et qu'elles leur servent de substituts morphologiques et sémantiques — ce qui n'est nullement le cas entre les mots simples entiers et les mots construits correspondants.

Les mots construits s'opposent aux mots simples par le fait qu'on y reconnaît au moins, soit deux éléments radicaux (mots composés et recomposés : *chauffe-eau, thermomètre*), soit, en sus de l'unique radical et de la désinence flexionnelle — lorsque celle-ci est marquée phonétiquement ou graphiquement — au moins un élément signifiant supplémentaire, non radical, préfixé ou suffixé au radical (mots dérivés : *généreusement, générosité*).

On ne connaît guère les proportions relatives, dans la langue, des mots simples et des mots construits. Nous avons esquissé quelques sondages, dans le *Petit Larousse*, dans le *Dictionnaire fondamental* de G. Gougenheim, et dans les listes de fréquence du *Français élémentaire*. Les limites de l'enquête sont si restreintes que nous en donnons les résultats à titre purement suggestif, en nous gardant de leur attribuer une valeur générale. Les cas d'incertitude n'entraînent néanmoins qu'une marge d'erreur très restreinte. De *A* à *Appareil*, le *Petit*

Larousse contient un peu plus de 2 400 mots, parmi lesquels nous avons dénombré environ 550 mots simples (ou, si l'on préfère, *mots-bases*), soit près de 23 % du total. De *remuer* à *rôle*, sur 1 000 mots distincts, 250 mots-bases, soit 25 %. Des 180 mots commençant par *gra-*, 50, soit 27,7 % sont des mots-bases. La présence, dans la première liste, des mots préfixés en *anti-*, et des recomposés en *acro-*, *aéro-*, *agro-*, *antho-*, *anthropo-*, diminue le pourcentage des mots simples. On trouve dans la seconde les préfixés en *re-* et en *rétro-*, fort abondants ; dans la 3ᵉ, mis à part les composés avec *grand*, et les recomposés avec *grapho-*, la nature de la syllabe initiale fait monter la proportion des mots simples. On constate en tout cas que, pour un mot simple, on compte en moyenne, dans le lexique « complet », trois mots dérivés ou composés. On verrait l'écart augmenter encore si l'on disposait d'inventaires des groupes figés, du type *bon sens* ou *grièvement blessé*.

Les relevés tirés des textes de conversation courante, et même des textes littéraires, font apparaître une proportion fort différente. Sur les 143 mots qui composent la tranche *A-Appareil* du *Dictionnaire fondamental* de M. Gougenheim, 81 sont des mots simples, soit 57 %. Parmi les 1 000 mots les plus fréquents dans la conversation quotidienne, enregistrés par les auteurs du *Français élémentaire*, les 114 plus fréquents sont tous des mots simples et l'on trouve au total environ 800 mots simples, soit 80 % de l'ensemble. Cette distorsion entre les deux sortes de proportions — en lexique « complet » et en lexique « commun » — s'explique par la pléthore des dérivés, composés et recomposés, qui gonfle les vocabulaires techniques, étrangers à l'usage courant, et cependant enregistrés dans les dictionnaires généraux tels que les *Larousse*. Ajoutons qu'au-delà de la tranche des 1 000 mots les plus fréquents de l'usage, s'étend une tranche non inventoriée et mal connue : mots « relativement » fréquents, au nombre de 5 ou 6 000, où figurent, dans une proportion importante, les dérivés usuels en *-ier*, *-al*, *-able*, *-ment*, *-isme*, etc. L'appréciation exacte du jeu des mots simples et des mots construits dans les différentes *tranches de fréquence* du lexique, et dans les différents vocabulaires spécialisés, serait d'un grand intérêt pratique pour l'enseignement du français et pour la programmation des machines à traduire.

A la différence de la plupart des mots simples, les mots construits sont *motivés*, parce que leur forme s'explique partiellement par sa relation avec celle du mot simple dont ils sont dérivés ou composés. Il s'agit d'une motivation *relative* (Saussure) ou encore *intra-linguistique* (Ullmann) (1). Une association est perçue, non plus comme pour les formes onomatopéiques, entre la forme acoustique du mot et tel bruit naturel qu'elle signifie ou évoque, mais, à l'intérieur de la langue, entre la forme secondaire et la forme originelle, qui possèdent un élément commun.

Le sentiment linguistique peut être à cet égard trompeur : c'est le phénomène de l'*étymologie populaire*, ou *attraction paronymique*, qui interprète la généalogie d'un mot par sa ressemblance avec d'autres mots alors même qu'il n'existe entre celui-là et ceux-ci aucun lien étymologique. Exemples bien connus : *souffreteux*, qu'on rapproche de *souffrir*, alors que c'est un dérivé du mot ancien *souffraite*, « disette » (de *suffracta* latin, participe passé

(1) Par opposition à la motivation phonique, ou naturelle, des onomatopées, et à la non-motivation des mots simples non onomatopéiques.

27

passif de *suffrangere*, tandis que *souffrir* est issu de *sufferire*) ; *ouvrable*, rapproché de *ouvrir* au lieu de *ouvrer* (travailler, dans l'ancienne langue), *faubourg*, interprété comme *faux bourg*, alors qu'il provient de *fors bourg* (du latin *foris*, en dehors), *saligaud*, que les étymologistes font provenir d'un surnom désobligeant, *Saligot*, formé dès la plus haute époque, dans les parlers du Nord, par la réunion du francique *salik*, sale, et du suffixe -*ot*, mais que la conscience linguistique rapproche directement de *sale*. La fausse motivation d'un mot peut entraîner son glissement sémantique vers une valeur proche de celle du terme dont on le croit à tort le dérivé : c'est le cas de *souffreteux*.

On ne confondra pas ce phénomène avec celui de la *fausse étymologie savante*, qui explique plusieurs des complications de notre orthographe : si l'on écrit *poids*, et non *pois*, c'est parce qu'à l'époque où s'est fixée notre orthographe (xve-xvie siècles), le mot a été rattaché au substantif latin *pondus*, poids, alors qu'il a pour étymon le participe *pensum*, qui est pesé. De même, au xvie siècle, dans le même souci d'orthographe étymologisante, mais avec la même ingénuité, on écrivit *legs*, pour le rapprocher de *legare*, un mot qui jusque-là s'écrivait *lais*, conformément à sa filiation authentique (du verbe *laisser*).

Tandis que les *mots dérivés* sont formés par l'adjonction d'un ou plusieurs *affixes* (*préfixes* et *suffixes*) à un *radical* unique (sans préjudice du jeu des *désinences*), les *mots composés* associent deux radicaux, eux-mêmes éventuellement enrichis de suffixes, dans des constructions de types divers, du point de vue de leur morphologie et de leur orthographe, mais qui ont dans l'énoncé le même statut que les mots simples.

II. — Les mots dérivés

On peut étudier les dérivés par affixes sur plusieurs plans, qu'il convient de ne pas mêler. On exclura tout d'abord d'un classement descriptif, ou l'on étudiera à part, les mots dont le caractère dérivé n'apparaît qu'à l'historien : si l'on peut percevoir un lien de parenté entre *sel* et *salade* — et cela n'est pas sûr — la parenté de *sel*, de *salaire*, ou de *saupoudrer*, n'apparaît que dans les dictionnaires étymologiques, et il n'y a pas lieu de faire entrer dans la « famille » morpholexicale de *sel* d'autres formes que *saler*, *salé*, *salant*, *salage*, *salaison*, *saloir*, *saleur*, *salure*, *dessaler*, *dessalé*, *dessalement*, *dessalage*, *indessalable*, *resaler*, le terme technique *essaler*, et la série *salin*, *saline*, *salinité*... En revanche, que faire des fausses étymologies savantes, où une dérivation historiquement illusoire est actuellement perçue ? Dans la mesure où le lien est à la fois matériel (acoustique) et sémantique, comme dans le cas de *souffreteux*, ou de *saligaud*, pourquoi ne pas admettre l'existence de familles d'un type spécial, où une espèce de filiation « adoptive » supplée à la filiation naturelle ? On doit en tout cas bien distinguer la perspective historique, ou diachronique, de la perspective descriptive, ou synchronique.

1. **Suffixes et désinences.** — On a discuté l'autonomie des *suffixes*, face aux désinences. Le problème se pose indéniablement pour des suffixes comme *-ment* (formateur d'adverbes sur un radical d'adjectif), comme *-ant* (participe présent, ou adjectif verbal, sur un radical verbal), comme *-é*, *-i*, *-u* (participe passé, adjectif verbal), comme *-able* (adjectif, sur un radical verbal). Il est toujours possible de transformer un qualificatif nominal

en qualificatif verbal, par l'adjonction de *-ment* au qualificatif (le plus souvent à sa forme féminine, lorsque celle-ci est distincte : *délicieusement*) : pourquoi ne pas considérer *-ment* comme la marque désinentielle d'une catégorie « adverbiale » du qualificatif (on parle parfois du *cas* adverbial du qualificatif) ? De même, sur tout verbe en *-er*, on peut former, outre les participes-adjectifs en *-ant*, *-é*, qui sont décrits et enseignés dans la conjugaison du verbe, un adjectif en *-able*, qui, comparable aux adjectifs en *-tos*, *-téos* du grec, présente l'action exprimée par le verbe comme pouvant se faire ou être faite : *agréable*, qui peut agréer, *mangeable*, qui peut être mangé : pourquoi ne pas intégrer purement et simplement ce suffixe à la conjugaison du verbe, sur le même plan que *-er*, *-ant*, *-é* ? C'est en tout cas la tendance des dictionnaires modernes : les dernières éditions du *Petit Larousse*, outre qu'elles ne retiennent plus, comme formes autonomes en *-ant*, *-é*, *-i*, *-u* (relevant d'une « adresse » particulière), que les mots dont l'usage fait constamment des adjectifs ou des noms ayant un sens détaché de celui du verbe, tel *plaisant*, ou *détartrant*, ont éliminé de nombreux adjectifs en *-able*, qui n'étaient ni morphologiquement, ni sémantiquement autonomes par rapport au verbe : *abattable*, *accusable*, *alliable*, *digérable*, etc. L'intégration ne peut cependant être totale : car certains adjectifs en *-able (increvable, irréconciliable)* — de même que certains adjectifs en *-é*, *-i*, *-u (surmultiplié, surpeuplé, sous-développé, incontrôlé)*, n'ont qu'une relation indirecte avec le verbe correspondant (1).

M. Martinet (*Eléments de linguistique générale*,

(1) Voir M. COHEN, Confins, *Le français moderne*, janvier 1960, pp. 7-12 ; et J. DUBOIS, L. GUILBERT, H. MITTERAND, J. PIGNON, *art. cité*, ci-après, p. 45.

pp. 136 et sq.) refuse de confondre les affixes avec les morphèmes grammaticaux, en vertu de trois critères principaux. En premier lieu, le nombre des affixes français, et la possibilité de leur adjoindre des suffixes nouveaux (étrangers par exemple), déterminent un *système ouvert*, à la différence des désinences, ou des morphèmes séparés (pronoms, articles), qui sont constitués en systèmes fermés et limités (1). Ensuite, un suffixe a « le pouvoir de métamorphoser » une classe de mots en une autre (par exemple un verbe en un nom, pour le suffixe *-age*), tandis que la présence d'une désinence ou d'un morphème séparé « ne peut que confirmer le caractère du lexème, et non changer ce caractère ». Enfin, les affixes sont au contact du lexème, ou, si l'on préfère, du radical, ce qui n'est pas nécessairement le cas des morphèmes grammaticaux.

Pour K. Togeby (*Structure immanente de la langue française*, pp. 130 et sq.), l'affixe, ou « dérivatif », s'associe au radical ou « racine », pour former le « thème », lequel coexiste avec la désinence ou « flexif » pour former avec lui le mot. Plusieurs couches de « dérivatifs » sont possibles, mais non point de « flexifs ». Entre la « racine » et le « dérivatif », il existe un rapport de *sélection* syntaxique : ou bien la racine a la même « fonction » que le thème entier, le dérivatif lui étant subordonné (*chansonnette* est un nom, comme *chanson*), ou bien à l'inverse, la racine est subordonnée au dérivatif, qui décide de la « fonction » du thème *(chant-chanter ; laver-lavage)*. Mais entre le thème et le flexif, il s'agit d'un rapport de *solidarité* syntaxique : le thème et le flexif coexistent toujours et créent ensemble la fonction du mot *(chant-ais)*. Cette distinction du dérivatif et du flexif est fondée sur un critère fonctionnel qui rejoint, malgré les différences de terminologie, les critères qui autorisent M. Martinet à « voir dans les affixes un type particulier de lexèmes », plutôt que de morphèmes.

(1) M. MARTINET oppose ainsi *lexèmes* (unités significatives minimales au plan du lexique) et *morphèmes* (unités significatives minimales au plan de la grammaire).

2. Préfixes et suffixes. — Il existe une différence importante entre le *préfixe* et le *suffixe,* outre que l'un précède le radical tandis que l'autre le suit. Le préfixe ne modifie pas la classe grammaticale du mot-souche ; autrement dit, le dérivé par préfixe appartient à la même classe, ou, si l'on préfère, à la même « partie du discours » que le mot radical. *Refaire, défaire, parfaire* restent des infinitifs, comme *prévoir, revoir, pourvoir ; désengagement* est un nom, comme *engagement ; survêtement* est à *vêtement,* abstraction faite des valeurs de sens, ce que *surprendre* est à *prendre.* Au contraire, la plupart des suffixes donnent naissance à des mots appartenant à une autre classe que le mot-souche : *laver, lavable ; blanc, blanchir.* Certains se sont prévalus de cette constatation pour ne tenir que ce trait pour distinctif et proposer une définition strictement fonctionnelle des préfixes, en négligeant la position de l'affixe : de ce fait, les affixes diminutifs comme *-et, -ette,* qui effectivement ne changent pas la classe du mot originel, seraient à classer dans la même catégorie fonctionnelle que les affixes préfixés (Togeby).

Une autre différence non négligeable tient à l'origine de l'*affixe.* Ceci est un fait de diachronie, mais qui n'est pas sans conséquence sur le fonctionnement des préfixes et des suffixes à l'intérieur du système lexical, ainsi que sur le sentiment qu'en ont les usagers. Aucun des suffixes du français contemporain ne peut fonctionner sans être *indissolublement* lié à son radical ; et la plupart sont issus d'éléments qui étaient déjà en latin des suffixes. En revanche, nombre de préfixes apparaissent par ailleurs comme des particules dissociables, fonctionnant tantôt comme prépositions *(à, avant, contre, en, entre, outre, par),* tantôt comme adverbes *(bien, mal, en, mi),* voire comme adjectifs ou comme

noms (*super, ultra, extra*, etc.). La limite est parfois
incertaine, ou se réduit à une convention orthographique, entre les préfixes intensifs (*sur, super,
extra*, etc.) et les adverbes intensifs *(très, fort)* :
jusqu'au *Dictionnaire de l'Académie* de 1878, *très*
est resté lié au mot suivant par un trait d'union.
D'autre part, la plupart des préfixes remontent
à des formes latines ou grecques qui apparaissaient
tantôt isolées, tantôt accolées à un radical. Ce sont
sans doute les raisons pour lesquelles les grammairiens « historisants » du siècle dernier, comme Diez
ou Darmesteter, rangeaient les mots à préfixes
parmi les composés.

   3. **La préfixation.** — Le nombre des préfixes
reconnus comme tels varie avec les ouvrages.
Nyrop, dans sa *Grammaire historique*, en identifie
une cinquantaine. On obtient près d'une soixantaine de formes, si l'on considère comme préfixes
distincts les variantes *mal-/mau-, pro-/por-/pour-,
tra-/trans-/tré-/tres-* : *traverser, transvaser, trépasser,
tressaillir*. Mais Togeby, qui exclut les formes fonctionnant également comme particules (*à, contre,
en*, etc.), les formes flexionnelles du type *bien, mal,
mi*, les éléments savants repris du latin sous leur
forme étymologique comme : *anté-, per-, pro-, super-,
ultra-, cis-, extra-, vice-*, etc. et les préfixes grecs
(*anti-, archi-, auto-, poly-*), ne retient que 13 préfixes proprement dits : *dé-, é-, mé-, pré-, re-, abs-,
circon-, con-, dis-, in-, inter-, ré-*, et *trans-*. Dans le
Petit Larousse au contraire, le tableau des préfixes
réunit les préfixes proprement dits et les radicaux
grecs et latins entrant dans la *composition* de mots
français (*hygro-, pneumo-, quadru-, radio-*, etc.), soit
environ 260 formes.

   On voit que la plupart des préfixes répertoriés
selon la conception traditionnelle sont issus de

préfixes latins, soit par filiation ininterrompue depuis le bas-latin, dans la langue commune (d'où les changements de *trans-* en *tra-* ou en *tré-/tres-*, de *pro-* en *por-* et *pour-*), soit par emprunt postérieur pour les besoins de la langue savante. Les préfixes d'origine grecque ont servi à la constitution des lexiques techniques, surtout à partir du XVIe siècle. Le français n'a pas développé de préfixes autochtones, à moins que l'on ne considère comme tel le préfixe *mé-/més-*, issu du francique *mis-* (*méfaire, médire, mésestimer, se méfier*, etc.).

Tous les préfixes ne se répartissent pas également entre substantifs, verbes, adjectifs, adverbes et mots de relation (prépositions et conjonctions). Mais aucun ne semble exclusivement réservé à l'enrichissement d'une classe unique. Certains servent surtout à former des verbes : ainsi *re-* (formation populaire) alternant avec *ré-* (formation savante) : *revoir, réintégrer, reprendre, réapprendre, reparaître, réapparaître*, etc. De même *en- (em-)*, qui représente tantôt un ancien *in-*, tantôt un ancien *inde-* : *encaisser, empoisonner, empiler* ; *enlever, emporter, emmener*. D'autres, tels que *in- (im-)* ou *anti-*, forment plutôt des noms ou des adjectifs : *immobile, immobilité, indifférent, indifférence* ; *antiraciste, antisémitisme, anti-taches*. Mais la possibilité qui est celle du français, de pouvoir tirer à volonté un verbe ou un nom du même radical (par changement de suffixe et de flexion), sans qu'on sache lequel a préexisté à l'autre, fait que les mêmes préfixes, y compris ceux que nous venons de citer, peuvent indifféremment s'associer à un thème verbal ou à un thème nominal : *reconnaître/reconnaissance* ; *indisposer, indisposé, indisposition* ; *indifférent, indifférence*, et même *indifférer* en français « avancé » *(cela m'indiffère)*, etc.

Cette « plasticité » grammaticale du préfixe ne s'accompagne pas d'une égale plasticité sémantique. Il arrive que des préfixes qui n'ont pas cessé d'être abondamment utilisés depuis les origines du français, perdent leur valeur propre dans certains dérivés pourtant encore sentis comme tels : si re-/ré- marque proprement la répétition (renouveler, redire, réintroduire), il n'a plus de valeur synchroniquement perceptible dans reluire (devenu synonyme de luire), remplir, ou répliquer. Si l'on comprend aisément la valeur de en-, marquant l'entrée du sujet dans un état, ou la soumission de l'objet à un état (s'enrhumer, enlaidir), on ne comprend celle de en- marquant le point de départ, l'éloignement (emmener), que si on le rapporte à son étymon latin inde (« à partir de là »).

Beaucoup laissent pourtant transparaître, dans une grande partie de leurs emplois, une valeur déterminée : dé-/dés-, la privation (désespérer, désespoir, dégoût), ou l'idée contraire à celle qu'exprime le radical (désordre, désobligeant, démonter) ; contre, l'opposition (contredire), trans-, ex-, sou-, des rapports de mouvement, de direction, de point d'application ; par-/per-, l'idée d'achèvement (parfait, parvenir, perfection) ; co-/com-/con- des rapports de simultanéité, etc. Il semble que la déperdition de sens d'un suffixe accompagne l'affaiblissement, puis la perte du sentiment de la dérivation, lorsque le radical du mot a perdu son autonomie, ou du moins sa commutabilité : perturber n'est guère senti comme dérivé, et per- n'y est plus intrinsèquement signifiant, parce que le thème -turber n'existe pas à l'état indépendant ; il en est presque de même pour déclencher, quoiqu'on perçoive dans dé- l'idée opposée à celle qu'exprime le en- de enclencher ; tandis que immigrer conserve à im- sa valeur, par opposition à *émigrer*, et aussi à *migration*, bien que le thème *migrer* n'existe pas.

On ne dispose pas d'études statistiques suffisantes pour apprécier le rendement comparé des différents préfixes. Les formations préfixales sont peut-être plus rares parmi les substantifs et les adjectifs que parmi les verbes. Les préfixes de formation populaire *(re-, de-)* sont plus productifs que les préfixes de formation savante *(ré-, dis-)*. Le rendement varie avec les domaines de la langue. Les préfixes héréditaires issus de préfixes-particules latins *(a-, en-, dé-, in-)* sont très productifs dans le vocabulaire général, mais les lexiques techniques leur préfèrent des préfixes savants d'importation tardive.

Jean Dubois et Louis Guilbert (1) ont montré que la langue moderne (depuis le XVIe siècle) s'est constitué un système préfixal de la notion de degré propre aux « nouveaux lexiques » (politique, sciences physiques, médecine, psychologie, commerce, techniques récentes, etc.), qui fait appel essentiellement aux préfixes d'emprunt : *archi-, ultra-, extra-, hyper-, super-, supra-, hyper-, infra-, hypo-, sub-, semi-*, etc. La vulgarisation des connaissances scientifiques et le développement de la publicité aident à faire pénétrer progressivement ces éléments formateurs dans la langue commune. On dit aussi bien « il est archi-fou » que « il est complètement fou ». Les lexiques scientifiques, pour une notion donnée, ont en général choisi un préfixe et s'y tiennent *(hypertendu*, et non *ultra-tendu)*. Mais dans la langue commune, il arrive que le locuteur

(1) Jean Dubois et Louis Guilbert, Formation du système préfixal intensif en français moderne et contemporain, *Le français moderne*, avril 1961, pp. 88-111. — Des mêmes, La notion de degré dans le système morphologique du français moderne, *Journal de Psychologie*, janvier-mars 1961, pp. 57-64. Voir aussi Jean Peytard, *Recherches sur la préfixation en français contemporain*, Champion, 1975.

ait le choix, pour une situation donnée, entre l'adverbe commun *(très)*, l'adverbe recherché *(fort)*, l'adverbe à sens renforcé (*complètement, diablement*, etc.), et tel préfixe de degré *(archi-, ultra-, super-, hyper-)*. Il en résulte, pour ces préfixes, une valeur expressive, ou stylistique, qui se superpose à sa valeur sémantique : cela est particulièrement net dans l'usage et l'abus que fait de ces formes le langage de la réclame.

Un autre aspect de la stylistique des préfixes réside dans la disponibilité de certains d'entre eux : c'est le cas précisément de ceux que nous venons de citer, qui peuvent à tout moment s'accoler à n'importe quel adjectif, et créer par là même un effet de sens inattendu ; c'est aussi le cas de *re-* et de *dé-*. Au contraire, les formations préfixales depuis longtemps lexicalisées (*immobile, désespérer*) sont en tant que telles dépourvues de toute expressivité. Du reste, on observerait aisément que la relative *économie* du système préfixal en français courant, où les formes sont peu nombreuses, et où la synonymie est rare, a pour conséquence sa relative *neutralité* stylistique.

4. **La suffixation** (1). — Comme les préfixes, les suffixes peuvent s'ajouter soit à des substantifs, soit à des adjectifs, soit à des verbes — mais non pas — sauf exception *(quasiment)* — à des adverbes. Cependant, la spécialisation des formes selon leur attache et leur incidence grammaticales (classe du mot-souche et classe du dérivé) est beaucoup plus poussée. De plus, certains suffixes peuvent s'ajouter

---

(1) Voir Jean DUBOIS, *Essai sur la dérivation suffixale en français moderne et contemporain*, Paris, Larousse, 1963 ; Louis GUILBERT, De la formation des unités lexicales, Introduction au *Grand Larousse de la langue française*, vol. I, Paris, 1971 ; Jean BOURQUIN, *La dérivation suffixale au XIXe siècle*, Champion, 2 vol., 1980 ; Danielle CORBIN, *Morphologie dérivationnelle et structuration du lexique*, Presses Universitaires de Lille, 1991.

à des noms propres (diminutifs : *Pierrot, Pierrette* ;
classificateurs : *gaulliste, sadique, sartrien*).

Du point de vue historique, on peut distinguer des suffixes
primitifs, issus du latin par filiation ininterrompue *(-eau, -e,
-er, -esse, -âtre, -aison, -ais, -ois, -aud, -aie, -é,* etc.)* ; des suffixes d'emprunt, entrés dans la langue à diverses époques, et
et provenant de plusieurs espèces de fonds : latin *(-(a)teur,
-(a)trice, -(i)tude, -(a)tion),* grec *(-isme, -iste, -ite, -ose, -on),*
argot *(-o),* patois *(-iau),* anglais *(-ing, -er),* italien *(-esque,
-oche, -asque),* provençal *(-ade).* Le français n'a pas développé
de suffixes autochtones, mais des élargissements ou des
combinaisons de suffixes déjà existants *(-auté, -terie, -ailler,
-iser, -onner, -oter).* En comptant parmi les suffixes les éléments modificatifs, qui n'ont pas d'influence sur la classe
du mot, Nyrop énumère 175 suffixes. Le *Petit Larousse* (1961),
qui ne sépare pas des suffixes les radicaux latins et grecs
entrant dans la composition des mots savants, mais réunit
les variantes du type *-eur, -ateur, -ace/-asse, -té/-eté/-ité,* en
compte 155. Mais tous les deux excluent de leur liste *-ing,*
et *-er,* que le succès des mots d'origine anglaise, dans certains
secteurs de la langue contemporaine, ont acclimatés en français *(camping, parking, caravaning ; reporter, speaker, leader).*
Pour Togeby, il conviendrait d'exclure, outre les radicaux
grecs et latins *(-gène, -gramme, -mane, -mètre ; -cide, -cole
-fère, -fuge, -pède,* etc.), les suffixes modificatifs *(-et, -ot, -in
-on, -eau, -ille, -ouille, -oche, -iche, -uche, -esse, -e, -asse, -âtre
-aud, -aille, -aie, -é, -at, -conque),* les formes savantes des
suffixes populaires *(-atoire, -ateur),* les formes dialectales,
argotiques, étrangères, les élargissements et les suffixes que
l'étymologie permet seule de reconnaître comme tels *(-aud,
-eil, -euil,* etc.) : il resterait alors une quarantaine de formes
qui, seules, répondraient aux critères strictement fonctionnels
du suffixe français. On concédera volontiers que les radicaux
empruntés aux fonds antiques peuvent trouver place ailleurs et
que les suffixes indistincts du radical en synchronie *(chevreuil,
marchand, pareil)* ne peuvent être pris en considération. Mais le
classement traditionnel nous paraît fondé pour tous les autres
types, qui sont plus proches des suffixes, par leurs traits de
fonctionnement, que de toute autre sorte d'élément formateur.

Les SUFFIXES DE VERBES, *-er, -ir,* peuvent s'ajouter à des noms communs, à des noms propres, à
des adjectifs. *-Er* forme en général des verbes d'ac-

tion, tandis que -*ir* implique l'entrée du sujet ou de l'objet dans un état (*jaunir, blanchir, durcir*). La spécialisation des valeurs sémantiques est plus apparente lorsque le suffixe verbal est élargi par un suffixe secondaire. Le suffixe complexe -*ifier*, outre sa valeur modificative (*amplifier, glorifier*), permet de construire un verbe à partir d'un radical d'adjectif pronominal : *qualifier, quantifier*. Il en est de même de -*oyer* (*tutoyer, vouvoyer*), qui implique généralement la répétition indéfinie d'un mouvement : *ondoyer, rougeoyer, louvoyer, poudroyer*. -*Iner* est également un itératif (*piétiner, trottiner*). -*Iser* est modificatif, comme -*ifier* (*égaliser, légaliser, amenuiser*), tandis que -*eter*, -*iller*, -*ocher*, -*onner*, -*oter* sont tantôt diminutifs, tantôt péjoratifs — les deux valeurs sont liées (*voleter ; mordiller, fendiller ; effilocher, lavocher ; chantonner, ronchonner ; toussoter, vivoter*), et que -*ailler*, -*asser*, -*ouiller* sont franchement péjoratifs (*écrivailler, disputailler, rêvasser, mâchouiller*).

Le seul SUFFIXE D'ADVERBE vivant est -*ment*, ancien radical de composition (*mente*, ablatif du nom latin *mens*, esprit), depuis le XIIe siècle complètement grammaticalisé comme suffixe apte à s'accoler à n'importe quel adjectif qualificatif, mais aussi à des radicaux nominaux et même adverbiaux (*diablement, quasiment*), et qui sert à former des adverbes de manière. Le suffixe -*ons*, de locution adverbiale (*à tâtons, à reculons, à croupetons*) n'a plus de pouvoir formateur. — On ne voit pas qu'il existe des suffixes de prépositions et de conjonctions.

Le tableau des SUFFIXES D'ADJECTIFS est plus riche, et fort hétérogène en ce qui concerne la répartition des formes et des valeurs. Certains suffixes sont assez rigoureusement monovalents ; d'autres peuvent prendre plusieurs significations.

Pour un suffixe superlatif, du reste improductif depuis le XVIIᵉ siècle, sinon dans un effet burlesque, *-issime (rarissime, révérendissime)*, on trouve quatre suffixes d'approximation, comportant souvent une valeur secondaire dépréciative (*-ard, richard ; -asse, fadasse ; -âtre, rougeâtre ; -aud, lourdaud*), et autant de diminutifs *(-et, -elet, -ouillet, -ot)*. Pour un suffixe exprimant le pouvoir de faire l'action exprimée par le radical *(-ant, tranchant)*, on trouve trois suffixes indiquant le fait de la subir *(-é, -i, -u)* et un autre trio en *-ble* indiquant la capacité soit de susciter le mouvement ou l'état exprimé par le radical, soit de les subir *(-able, -ible, -uble : effroyable risible, pardonnable, corrigible, soluble)*. On compte une vingtaine de suffixes formant des adjectifs dont le lien sémantique avec le radical (verbe, nom, ou adjectif) est une variante du rapport d'appartenance : appartenance à une doctrine, à un parti, à un métier, *-iste (bonapartiste, collectiviste, documentaliste)*, à une région géographique, *-ain, -ais, -an, -ard, -éen/-ien, -estre, -in, -ois, -on (américain, anglais, mosellan, briard, européen, italien, alpestre, alpin, champenois, wallon)* ; à une classe d'êtres, d'objets, d'idées, *-ien, -ier, -in, -ique, -al, -aire, -el (prolétarien, financier, masculin, orthographique, national, alimentaire, naturel)*. A quoi il faut ajouter autant de suffixes marquant la qualité, qui sont parfois les mêmes que les précédents, et parfois autres : *-ain, -ant, -é, -al, -el, -er, -ier, -eur, -eux, -if/-atif/-itif, -ique, -oire/-atoire*, etc. *(hautain, charmant, éventé, colossal, essentiel, mensonger, meurtrier, menteur, orageux, pensif, affirmatif, prohibitif, scientifique, obligatoire)*.

Il existe un très grand nombre de SUFFIXES DE SUBSTANTIFS. Les uns s'associent de préférence à un radical de substantif ou d'adjectif : *-ain,*

-aine (centaine), *-eur*, *-esse*, *-té*, *-itude*, *-ance*, *-e*, *-isme*. D'autres forment des dérivés *postverbaux* : *-aison (conjugaison)*, *-ange (mélange, louange)*, *-et*, *-ette*, *-ot*, *-otte*, *-on*, *-eau*, *-ail (gouvernail)*, *-aille*, *-at*, *-asse*, *-ion*, etc. Il convient d'ajouter à ces derniers le « suffixe zéro » et le suffixe *-e* de la dérivation dite *régressive*, qui ont formé, et continuent de former des substantifs masculins, par retranchement des désinences des verbes correspondants *(oubli, vol, trot)*, et des substantifs féminins par adjonction de *-e* au radical verbal (la *flâne*, la *tire*, la *donne*, la *relance*). Beaucoup d'autres suffixes s'accolent indifféremment à des radicaux nominaux ou verbaux : *-ment (entêtement, miaulement)*, *-age (feuillage, servage)*, *-is (treillis, clapotis)*, *-ée (cuillerée, flambée)*, *-ade (colonnade, fusillade)*, *-ure (friture, gerçure)*, *-ise (gourmandise, hantise)*, *-ie*, *-erie (perfidie, sortie, sauvagerie, criaillerie)*.

Les suffixes de substantifs peuvent se répartir sémantiquement en suffixes de noms d'action ou de résultat de l'action (la valeur est imperfective ou perfective selon l'entourage du mot : ex. *fondation, humiliation*) : *-ade, -age, -aille, -aison, -ison, -oison, -tion, -ation, -ition, -sion, -ance, -ence, -at, -ment, -ement, -ie, -erie, -isme, -ure, -ature* ; en suffixes de noms d'agent : *-ant, -ent, -eur, -ateur, -iteur* (avec leurs féminins *-euse, -trice, -atrice, -itrice*), *-ier (-ière), -er (-ère), -ien (-ienne), -aire, -andier, -eron, -iste* ; en suffixes de noms d'instrument *(-ail, -ard, -eur, -euse, -ateur, -ent, -if, -oir, -oire, -on)* ; en suffixes de lieu de l'action *(-oir, -erie, -anderie)* ; en suffixes de noms d'état ou de qualité *(-é, -ité, -eté, -ance, -ence, -isme, -at, -erie, -esse, -ise, -ice, -eur, -ion, -ure, -tude)* ; en suffixes de noms d'origine *(-ain, -an, -ais, -ois, -en, -éen, -ier, -in, -on, -ard)* ; en suffixes collectifs et de mesure *(-ée, -aie, -raie, -aille, -ain, -aine, -on, -ard, -as, -asse)* ; en suffixes techniques, dont chacun, dans les terminologies scientifiques (chimie, médecine, etc.), est revêtu d'une valeur précise et unique : *-ique, -ie, -ite, -ose, -ate, -ure, -ine*, etc. A quoi il convient d'ajouter les suffixes modificatifs : péjoratifs *(-aille, -ard, -asse, -assier, -âtre)* et surtout diminutifs *(-aut, -eau, -elle, -ereau, -eteau, -ceau, -celle, -et, -ette, -elet, -elette, -in, -ine, -ot, -otte, -ote,*

*-otin, -on, -ille, -illon, -illonne, -eron, -eronne, -ole, -erole,
-ule, -cule, -icule)* (1).

On constate que les suffixes français, notamment
les suffixes de substantifs, sont groupés en des
ensembles relativement homogènes et spécifiques
— même si certains suffixes peuvent appartenir
à plusieurs ensembles *(-eur, -ure)*. Spécificité morphologique et sémantique : c'est assez net pour
les suffixes d'agent en *-eur, -ateur, -iteur*, qui se
fixent le plus souvent sur un radical de verbe,
ou pour les suffixes de qualité *(-esse, -ité, -isme*, etc.),
qui se fixent sur un radical d'adjectif. Cela ne veut
pas dire que le sens du dérivé demeure rigoureusement parallèle à celui du mot-souche : les hasards
de la langue peuvent distribuer l'un et l'autre dans
des champs lexicaux fort différents, tout en leur
laissant une valeur commune qui n'est parfois recon-
naissable que par un cheminement étymologique :
ex. *abattre* et *abatis, tailler* et *taillis, cœur* et *cordial*.

Préfixes et suffixes peuvent s'associer pour former
des dérivés : *utile, utiliser, utilisable, inutilisable,
réutiliser, réutilisable.* On peut même trouver deux
ou trois étages successifs de préfixes ou de suffixes :
*désengagement, réimplantation, déparisianisation, dé-
nucléarisation* (relevés dans la presse). Ces formations, propres au jargon de la presse ou des techniques, sont jugées peu élégantes par les puristes,
mais elles se répandent dans le français des quotidiens, sans doute parce qu'elles remplacent des
périphrases jugées mal commodes. Lorsque au mot
ainsi formé ne correspond aucun dérivé de même
radical comportant seulement le préfixe ou le suf-

(1) Voir A. DAUZAT, Les diminutifs en français moderne, *Le
français moderne*, janvier 1955, pp. 13-20 ; B. HASSELROT, *Etude sur la
vitalité de la formation diminutive française au XXᵉ siècle*, Stockholm,
1972 ; C. DELHAY, *La catégorie « diminutif » : une approche proto-
typique*, Paris, Larousse, 1995.

fixe, on appelle ce type de dérivation la DÉRIVATION PARASYNTHÉTIQUE : ex. *appontement* (on ne trouve ni *appont*, ni *pontement*, sur le radical *pont*), *empiècement*, *déchaîner*, *dévaliser*.

L'abondance des suffixes ne doit pas faire illusion. Beaucoup sont des éléments figés, qui survivent plus ou moins bien dans la langue, mais ne produisent plus de mots nouveaux. Même des suffixes répandus dans le fonds usuel du vocabulaire, comme *-esse*, *-ise*, *-ance*, ont cessé d'être productifs. L'ancienne répartition des deux suffixes verbaux *-er* et *-ir* (suffixe du « faire », et suffixe de « l'être » ou du « devenir ») est de plus en plus déséquilibrée au profit de *-er* et de ses formes élargies (*-onner*, *-iser*). Les suffixes d'origine populaire en *-aison*, *-ison*, *-oison*, qui formaient dans l'ancienne langue les noms d'action, ont perdu tout pouvoir générateur dans la langue usuelle, et s'opposent de ce point de vue à celui qui les a supplantés, *-ation*, d'origine savante : mais, à l'inverse de celui-ci, jugé trop technique et trop « lourd », ils conservent leur prestige dans l'usage littéraire. Le rendement des suffixes dépend donc du niveau de langue et des champs lexicaux où ils sont appelés à fonctionner. Le suffixe *-ouille*, exclu de la langue châtiée, est un « formant » de bon rendement dans l'usage vulgaire. Dans certaines collectivités restreintes, repliées sur elles-mêmes et respectueuses de leurs traditions (grandes écoles, unités militaires), certains suffixes « déformants », plutôt que « formants », servent à créer un lexique déguisé à partir du lexique usuel (*-al* : un *pal*, la *sorbal*, *couvertural*, *foutral*, *cagibal*, etc., dans le jargon de l'École Normale).

L'augmentation de la part des lexiques techniques dans le vocabulaire général a entraîné depuis une trentaine d'années d'importantes modifications dans le système des suffixes français. On a constaté le recul relatif des dérivés en *-age* et en *-ment*, dont beaucoup ont disparu avec les techniques anciennes, ou avec des radicaux archaïques *(brocantage, écrouissage, brondissement, bernement)*, une réduction des dérivations doubles (*ensachement/ensachage* — seul le dernier subsiste), et une spécialisation des deux suffixes (*-age* servant, avec valeur imperfective, pour les opérations en cours d'accomplissement ; *-ment*, avec valeur perfective, pour le résultat ou la désignation abstraite de l'opération : que l'on compare *accrochage, affichage, atterrissage, sondage*, et *apparentement, ameublement, amenuisement*). Les vocabulaires de la politique, de l'économie, de la physique, de la physiologie, font une énorme consommation des dérivés en *-iser, -isation, -ifier, -ification*, qui alimentent à jet continu la néologie contemporaine. Les dérivés en *-isme* et en *-iste*, dont la fortune s'était amorcée dès la première moitié du XIXᵉ siècle, ont envahi tous les domaines, et servent pour désigner non seulement une doctrine ou une école, mais toute attitude systématisée : *fractionnisme, objectivisme, ouvriérisme, jusqu'au-boutisme*, etc. Le suffixe *-iste* tend même à supplanter *-eur* pour la formation des noms de métier : *aciériste, éditorialiste, maquettiste*. Conséquence linguistique du machinisme : *-eur* et son féminin *-euse* tendent à se spécialiser dans la formation des noms de machines. La disparition de l'artisanat frappe de stérilité le suffixe *-oir*, qui formait des noms d'instrument à main : *binior, épluchoir, lustroir, ébourgeonnoir*, et une quarantaine de ces formes ont disparu des dernières éditions du *Petit Larousse* (1). Quantité

(1) Sur tous ces faits, voir J. Dubois, L. Guilbert, H. Mitterand, J. Pignon, Le mouvement général du vocabulaire français de 1949 à 1960 d'après un dictionnaire d'usage, *Le français moderne*, avril 1960, pp. 86-106 ; juillet 1960, pp. 196-210.

44

dc dérivés en *-ance, -ence, -ise,* sont également hors d'usage : *béance, chevance, monstrance, semblance, cafardise, feintise, hasardise, puantise,* etc. Le suffixe *-ence* n'a pas totalement disparu : mais il a changé d'aire d'emploi, et n'est plus productif que dans le vocabulaire scientifique, avec valeur inchoative : *alcalescence, sénescence, calorescence.* En revanche, certaines formations, jusque-là peu fécondes, qui avaient subi depuis l'ancienne langue une longue éclipse, ont retrouvé une extension considérable : ainsi le suffixe d'adjectif *-el,* qui forme actuellement de nombreux adjectifs de relation dans les vocabulaires techniques ou « sub-techniques », en concurrence victorieuse, ou en répartition complémentaire avec *-al, -if, -atif, -itif : culturel, idéel, conceptuel, factoriel, événementiel, concurrentiel, directionnel, opérationnel, obsessionnel, institutionnel, informel* (« la peinture informelle »), *gravitationnel, inconditionnel,* etc.

C'est dire que le problème de la vitalité de la dérivation suffixale en français demeure un faux problème aussi longtemps qu'on l'examine dans l'absolu. Pour Ch. Bally, A. Dauzat, J. Marouzeau, la dérivation par suffixes se serait ralentie, sinon atrophiée, à partir de la Renaissance (J. Marouzeau, Les déficiences de la dérivation française, *Le Français moderne,* 1951, p. 1). Au contraire, pour É. Pichon, elle est« en pleine vie et en pleine force d'expansion dans la langue française d'aujourd'hui » (*Les principes de la suffixation française,* Ed. d'Artrey, 1942, p. 12). La vérité est que si beaucoup des suffixes issus du latin par filiation directe se sont fondus dans le radical du mot *(examen→essaim ; periculum→peril, villaticum→village, augurium→heur)* et ont été balayés par la poussée des suffixes latins d'emprunt savant (*chauveur* (1) et *calvitie ; *sourdoison et surdité ; *aveuglerie, *aveuglesse, *aveugleté, *aveugleüre, *aveuglissement, *aveugloison et cécité, aveuglement,* avec répartition des emplois), si l'hétérogénéité formelle de nombreuses séries issues d'un même étymon

(1) L'astérisque marque une forme employée en ancien français, et disparue par la suite.

dissimule leur parenté sur le plan synchronique et atténue par conséquent le sentiment de la dérivation (à *caput* se rattachent diachroniquement : *capital, cheptel, chapitre, chevet, caporal*, etc.), et si enfin l'expansion par épithète ou complément prépositionnel a longtemps concurrencé l'expansion par suffixe (*petit garçon* pour *garçonnet*, voyage *par air* pour voyage *aérien*), ces phénomènes sont compensés en français contemporain par l'essor des formations suffixales dans les lexiques techniques, d'autant plus sensible que la part du vocabulaire fondamental, où abondent les mots simples et les tournures périphrastiques, se fait plus réduite dans l'usage parlé comme dans l'usage écrit ; par la fortune de certains suffixes *modernes* comme *-isme, -onner, -iser, -el,* etc. ; et par le succès — croissant — des adjectifs de relation dans l'usage des journaux écrits et parlés (« le voyage *présidentiel* » pour « le voyage du président »), phénomène complémentaire du précédent, et pourchassé par les puristes qui le dénomment « adjectivite » (avec le suffixe *-ite* des noms d'infection...).
En réalité, le rendement de la dérivation par suffixes semble d'autant plus fort et les structures suffixales plus cohérentes, qu'on s'éloigne du lexique des formes élémentaires de l'existence, pour pénétrer dans les glossaires spécialisés et les *terminologies* scientifiques, où le lexique des *dénominations* est pour sa plus grande part constitué de substantifs dérivés (à un ou plusieurs radicaux).

Dans le système général des suffixes français, voisinent donc des formes qui sont héritées d'états de langue distincts, et qui appartiennent à des registres différents du vocabulaire. Beaucoup constituent des séries fermées, et seules quelques-unes sont aptes en permanence à créer des unités lexicales nouvelles. Il ne faut pas se laisser tromper par les tableaux récapitulatifs des manuels, qui donnent l'illusion d'une parfaite synonymie entre des suffixes sémantiquement apparentés, en ne proposant pour chaque suffixe qu'un ou deux exemples, sans préciser si la liste des dérivés correspondants est brève, ou allongeable à l'infini. En réalité, outre que bon nombre de suffixes ne sont attestés que dans quelques mots, les suffixes classés ensemble en raison de leur sémantème commun (par exemple les suffixes de noms de profession : *-ant*, *-eur*, *-ateur*, *-ier*, *-iste*, *-aire*, *-andier*, *-er*, *-eron*, *-ien*) ne sont pas substituables les uns aux autres pour un même radical (1). Notre système suffixal n'est ainsi ni totalement anarchique — ce qui serait le cas si l'on pouvait employer indifféremment une dizaine de suffixes pour une même valeur — ni parfaitement économique, puisque à une valeur donnée ne correspond point une forme unique : mais une économie relative est réalisée dans la mesure où par exemple seuls deux des dix suffixes précités sont actuellement disponibles pour la désignation des métiers nouveaux : *-eur*, et *-iste*.

La variété des formes, et la spécificité de certaines séries (diminutifs, péjoratifs, abstraits, techniques) favorisent la recherche des effets expressifs, encore que les possibilités de combinaison des radicaux et des suffixes soient, comme nous venons de le voir, infiniment plus restreintes qu'en ancien français. On connaît le parti que Ronsard et ses disciples ont tiré des diminutifs, les Précieuses des adverbes en *-ment*, les Symbolistes des suffixes archaïsants *-oir* et *-ance*, les écrivains populistes des suffixes argotiques ou vulgaires, le langage technique et administratif moderne du suffixe *-el*, etc. La valeur expressive d'un suffixe est d'autant plus sensible, dans un texte français contemporain, que son emploi momentané l'éloigne davantage de son champ lexical habituel, ou que sa fréquence resserre l'éventail grand ouvert de la distribution suffixale usuelle.

(1) Le suffixe *-andier*, par exemple, a perdu tout rendement. Littré donne encore des noms de métiers en *-andier* qui ont disparu de nos jours : *curandier* (blanchisseur de toiles), *dinandier* (fabricant d'ustensiles de cuivres), *buandier*, *faisandier*, *lavandier*, *clavandier* (moine portier), *estivandier* (moissonneur), *vivandier*.

LES STRUCTURES FORMELLES
DU VOCABULAIRE FRANÇAIS :
LA COMPOSITION, LES LOCUTIONS,
LES ABRÉVIATIONS ET LES SIGLES,
LES MOTS ÉTRANGERS

I. — Les mots composés

Les composés se distinguent des dérivés en ce qu'ils comportent plusieurs thèmes de formation. Mais il y a lieu de séparer les *composés* proprement dits, où l'on reconnaît au moins deux mots pouvant fonctionner de manière autonome, dans un énoncé français, comme mots simples ou dérivés *(lave-glace, porte-manteau)*, et les *recomposés* (1), qui comportent au moins un radical privé de toute possibilité d'autonomie dans un énoncé français, sinon à titre d'abréviation (éléments grecs et latins : *thermo-cautère, automobile, télévision, kleptomanie ;* éléments modernes à finale altérée : *filmographie, franco-anglais).*

Il est moins aisé de justifier la distinction entre les *mots composés* et les *groupes de mots,* caractérisés par la présence d'un mot-noyau accompagné d'une expansion *(vendeur de voitures, prendre la route,* etc.).

(1) Nous tirons ce terme d'une suggestion de M. MARTINET, *Eléments de linguistique générale,* p. 135.

Le problème est inexistant lorsqu'il s'agit de composés « exocentriques », tels que l'association des éléments de composition crée une unité qui noue de nouveaux rapports avec le reste de l'énoncé *(vide-poches, porte-manteau, garde-robe, avant-scène, après-midi)*. Mais il se pose pour les groupes « endocentriques », dans lesquels la présence d'un élément subordonné à l'autre ne change pas les rapports de celui-ci avec le reste de l'énoncé *(chaise-longue, salle à manger, chemin de fer)*. Pour Darmesteter, Nyrop, Brunot, tout groupe de mots d'usage constant pour exprimer une notion unique doit être considéré comme un composé : ainsi, *boîte aux lettres, donner congé, avoir envie*, etc. C'est un critère sémantique qui ne suffit pas, car la frontière est alors singulièrement indécise entre le mot et le syntagme (1). Il y a pourtant une différence, sinon dans le sens, du moins dans le fonctionnement, entre *chemin de fer* et *chemin vicinal*, entre *pomme de terre* et *pomme de Normandie*, comme entre *maisonnette* et *petite maison*. On se servira donc d'autres critères pour identifier le mot composé.

Plusieurs peuvent se croiser dans le même mot. Mettons à part les critères orthographiques et phonétiques, qui dans certains cas autoriseraient à classer la forme considérée, non même plus parmi les mots composés, mais parmi les mots simples : ainsi pour *gendarmes*, qui ne comporte qu'une désinence graphique de pluriel, parce qu'il est senti comme une unité morphologique, et que l'élément *gen-* n'est plus détachable dans sa forme comme dans son sens ; et pour *vinaigre*, dont la syllabation,

---

(1) Voir H. FREI, *La grammaire des fautes*, 1929, p. 88. Voir aussi A. PHAL, Les groupes de mots, *Cahiers de lexicologie*, n° 4, 1964, pp. 45 à 60.

vi-nai-gre, a rendu imperceptible, synchroniquement, la composition. Restent les critères morphologiques, les critères fonctionnels, et aussi le critère
de fréquence.

Les premiers sont suffisants et présupposent
les autres. Il arrive en effet que les radicaux unis
par la composition soient aussi indissociables que
dans la dérivation le radical et les affixes. Le
composé fonctionne dans l'énoncé, sans aucune
ambiguïté, comme un mot unique : soit que l'un
des deux éléments ne puisse être affecté des marques
grammaticales qui caractérisent sa classe à l'état
libre (dans *bonhomme, bon* ne peut être transposé
au comparatif ; dans *fait-tout, fait* ne peut prendre
la marque du pluriel ; et l'on est fort embar-
rassé en français pour orthographier le pluriel de
grand-mère, grand-route, grand-messe) ; soit que l'un
des deux éléments entre par rapport à l'autre dans
un ordre fixe, généralement inverse de l'ordre usuel
en français contemporain *(blanc-bec, rouge-gorge).*

Les critères fonctionnels sont nécessaires lorsqu'aucune de ces conditions n'est remplie. Le mot
composé peut alors être distingué de la « locution »
(ou, selon la terminologie des linguistes soviétiques,
du « groupement phraséologique »), dans la mesure
où « il se comporte, dans ses rapports avec les
autres éléments de l'énoncé », exactement comme
les mots simples « qui apparaissent dans le même
contexte qu'eux » (1) : il peut être accompagné par
les mêmes morphèmes détachés et les mêmes
expansions adjectivales, prépositionnelles ou relatives que les mots simples correspondants (articles,
adverbes, prépositions, indices personnels), mais
ces morphèmes et ces expansions ne peuvent

(1) A. MARTINET. *op. cit.*, p. 132.

jamais s'accoler à un élément seul du composé : *chaise-longue* est un composé dans la mesure où il pourrait être remplacé dans le même contexte par *fauteuil* (ou par *chaise*), et où *chaise-plus-longue* est exclu ; de même *pomme de terre*, qui peut commuter avec *carotte* dans un même énoncé, et dans lequel *terre* ne peut en aucune manière être accompagné d'un article ou d'un adjectif.

Quant au critère de la fréquence il n'est que la traduction statistique du précédent. Il permet cependant de distinguer les mots composés de certaines constructions raccourcies, répandues dans un usage dégradé du français contemporain, et qui unissent deux substantifs accolés dont le deuxième, sans déterminant, est soit le complément de relation, soit l'apposition du premier, types « *au point de vue élections* » « *la question désarmement* », « *une robe lainage* », « *un crédit formation* » « *le facteur temps* », une « *assurance tous risques* », etc. Ainsi *timbre-poste* est un composé, de même que *voiture-pie café-crème*, *mandat-carte* ou *caporal-chef*, parce que l'association des deux radicaux a été figée par son usage constant dans un domaine donné du lexique. Au contraire *homme-oiseau* (ou *homme volant*) demeure une *locution* figurée qui n'apparaît qu'exceptionnellement à la place de *parachutiste*. Les groupements composés par apposition d'un substantif à un mot comme *question* ou *point de vue* (condamnés dans le bon usage) restent des locutions en raison de l'interchangeabilité du substantif complément.

II. — Les types grammaticaux de composition

En synchronie, les mots composés proprement dits se répartissent, comme les mots simples et dérivés, en *noms composés*, *adjectifs composés*, *verbes composés*, *adverbes composés*, et *mots de relation composés*.

Les noms. — On peut les classer par la nature grammaticale du lien qui unit les thèmes composants (eux-mêmes le plus souvent des mots simples, ou comportant tout au plus des suffixes répandus, -*ant*, -*é*, -*i*, -*eur*, etc.).

Lorsque ce lien est un rapport d'expansion non prédicative' autrement dit lorsque les composants sont entre eux comme un nom et sa complémentation, on trouve les types suivants :

Nom + Nom, dans lequel le 2ᵉ nom est en apposition au premier : *chou-fleur, porte-fenêtre, wagon-restaurant, chien-loup, poisson-chat, député-maire*. Les constructions onomatopéiques sont de ce type : *mic-mac*.

Nom + Préposition + Nom, dans lequel le 2ᵉ nom est un complément de relation du premier, introduit par une préposition comme dans un syntagme libre du langage tenu : *pomme de terre, gueule-de-loup, boîte aux lettres, moulin à vent, chef-d'œuvre, croc-en-jambe*.

Nom + Nom, dans lequel le 2ᵉ nom est un complément de relation du premier, sans préposition, comme dans un syntagme raccourci du langage relâché : *timbre-poste, poche-revolver, café-concert, golf-miniature, poids-plume, café-crème*.

Nom + Adjectif, dans lequel l'adjectif est épithète du nom : *coffre-fort, chevalier-servant, col-vert, blé-dur, cerf-volant*.

Adjectif + Nom, dans un rapport identique : *rouge-gorge, blanc-bec, grand-duc, petit-fils, rouge-queue, national-socialisme, demi-heure*. L'adjectif peut être un déterminatif : *trois-mâts, huit-reflets, mille-pattes*.

Lorsqu'il s'agit d'un rapport d'expansion prédicative, autrement dit lorsque les composants sont entre eux comme un thème verbal et son sujet, ou un thème verbal et son complément, voire deux formes verbales coordonnées, on trouve principalement les types suivants :

Verbe + Nom, dans lequel le nom, généralement sans prédéterminant, est le complément direct du verbe, senti comme une forme figée de la 3ᵉ personne de l'indicatif présent : *abat-jour, porte-manteau, cache-nez, pare-choc, chauffe-eau, couvre-pieds*.

Verbe + Nom, dans lequel la fonction du nom, également sans prédéterminant, est interprétée diversement : *pense-bête, pot-bouille, croque-monsieur, marchepied*. Pour les uns (Darmesteter, Meyer-Lübke, Nyrop, Dauzat, Bruneau), il s'agit d'un nom en apostrophe, suivant un impératif, tandis que pour d'autres (Pott, Marouzeau), à l'avis desquels nous

nous rangeons, il s'agit de « composés à thème verbal », avec nom sujet, et où « tout se passe comme si nous étions en présence d'un élément verbal extérieur au paradigme, étranger aux notions de personne, de temps, de mode, ayant pour base la forme la plus réduite du verbe, celle de la 3e personne de l'indicatif » (1) — certains diraient la forme non marquée du verbe.

Verbe + Préposition + Nom, dans lequel le verbe est suivi d'un groupe nominal complément circonstanciel : *boute-entrain, tire-au-flanc, boit-sans-soif.*

Verbe + Verbe, dans lequel les deux verbes sont tantôt dans un rapport de subordination *(savoir-faire, laissez-passer)*, tantôt dans un rapport de coordination *(pousse-pousse, va-et-vient).*

Les noms construits par la jonction d'un adverbe ou d'une préposition, et d'un nom ou d'un verbe *(avant-propos, après-midi, pourboire, bien-faire)* nous paraissent relever de la dérivation plutôt que de la composition : leur premier élément a en effet le rôle d'un préfixe. Il en est de même pour les adjectifs ainsi construits *(avant-dernier).*

Adjectifs qualificatifs. — Les grammaires usuelles n'enseignent que deux types, identiques par la nature des composants *(adjectif + adjectif)*, mais distincts par leur rapport grammatical interne : tantôt les deux adjectifs sont coordonnés *(sourd-muet, ivre-mort)*, tantôt l'un joue par rapport à l'autre le rôle d'un adverbe *(court-vêtu, clairsemé, mi-clos)*. Il convient de leur ajouter les qualificatifs composés du type *bon marché, dernier cri, vieille France, tout-aller, pur fil, gros-sel, nu-pieds* (adjectif + nom), *fourre-tout, touche-à-tout, pince-sans-rire* (verbe + complément) (2), dont les composants constituent une unité indissoluble et autonome. Mais on renverra à l'étude des locutions les groupes qualificatifs dans lesquels un des éléments est interchangeable, exemples : *bleu tendre, bleu vert, bleu*

(1) J. MAROUZEAU, Composés à thème verbal, *Le français moderne*, avril 1952, pp. 81-86.
(2) Voir J. MAROUZEAU, Entre adjectif et substantif, *Le français moderne*, juillet 1954, pp. 161-171.

ciel, bleu acier, etc. Mieux vaut alors parler de locution qualificative.

Pronoms. — *Celui-ci, quelqu'un, n'importe qui, ce qui, celui qui, qui que, moi-même, nous autres,* et les formations identiques, sont de véritables pronoms composés, dont un des deux éléments est un pronom simple qui confère son rôle à l'ensemble, et l'autre tantôt un autre pronom, tantôt une particule adverbiale, tantôt une conjonction, tantôt une forme verbale.

Verbes. — Faut-il voir des verbes composés dans des formations comme *colporter* ou *saupoudrer* ? Cela n'est pas sûr, sinon en diachronie. *Colporter* est senti plutôt comme un dérivé de *porter* que comme un croisement de l'ancien *comporter*, « porter, transporter », et de l'expression ancienne *porter à col* (cou). Quant à *saupoudrer,* seuls les étymologistes y reconnaissent une forme altérée de *sel.* Faut-il, d'autre part, admettre en bloc les périphrases construites avec *avoir, faire, prendre,* suivis d'un nom ou d'un adjectif : *avoir peur, avoir chaud, avoir raison, faire peur, prendre feu, prendre la fuite* ? Cela semble possible pour certaines d'entre elles (*avoir peur,* où *peur* ne peut guère commuter avec un autre mot sans modification de l'énoncé : on ne dit pas **avoir jetons,* en langue populaire, mais *avoir les jetons,* ou *avoir la frousse*), mais contestable pour d'autres *(prendre la fuite).* — Les verbes construits avec *en* détaché sont plutôt à ranger dans les dérivés (*s'en aller* a pour passé composé, en langue parlée : *il s'est en allé*), ou dans les locutions *(en venir à, s'en prendre à).* Les verbes composés non périphrastiques (type : *chèvrechouter,* signalé par M. Grevisse) sont finalement très rares, parce que l'association de deux radicaux verbaux s'accommode très mal du maintien de la conjugaison, et parce que l'association d'un radical nominal et d'un radical verbal dans l'ordre nom + verbe, qui permettrait seul la jonction, est étrangère à l'ordre des mots de l'énoncé moderne.

Adverbes. — On hésite à classer des formes comme *dorénavant*, *néanmoins*, *cependant*, parmi les composés, bien qu'elles soient issues de la réunion d'unités autonomes, car la plupart des parleurs ne perçoivent plus l'association. D'autre part, nous sommes assez tentés de renvoyer aux dérivés à préfixes *au-dessous*, *au-dessus*, *en dessous*, *en dessus*, *au-delà*, *par-devant*, etc., constitués d'une préposition et d'un adverbe. Si l'on considère comme des locutions les associations du type *à tort*, *en vain*, *de bonne heure*, *de grand matin*, *goutte à goutte*, il ne restera parmi les adverbes composés que les tournures de ce type dont les composants sont indissociables : *sur-le-champ*, *à brûle-pourpoint*, *à vau-l'eau*, *cahin-caha*, et la série nettement caractérisée des : *à la dérobée*, *à la bonne heure*, *à la décrochez-moi-ça*, *à-la-va-comme-je-te-pousse*, *à la queue leu leu*, *à la belle étoile*, etc.

Prépositions et conjonctions. — Observations identiques. *Près de*, *autour de*, *à la faveur de*, *pour que*, *en attendant que*, etc., sont des locutions prépositives et conjonctives. Mais *afin de*, *à cause de*, *jusqu'à*, *grâce à*, *afin que*, *de façon que*, *parce que*, *jusqu'à ce que*, *compte-tenu que*, *étant donné*, etc., peuvent être tenues pour des prépositions composées et des conjonctions composées, en raison de la solidarité absolue de leurs éléments.

III. — L'orthographe des mots composés

On a pu constater que le trait d'union, entre les éléments du mot composé, n'était pas un signe graphique distinctif.

L'Académie et les imprimeurs, qui règlent l'orthographe française, le distribuent au petit bonheur et il n'est point d'autre règle, en la matière, que l'usage : question de mémoire (1). La grammaire et le bon sens retrouvent une part de leurs droits, lorsqu'il s'agit des marques de genre et de nombre dans les noms et les adjectifs composés. A moins de vouloir se perdre dans un maquis de cas singuliers, pour lesquels le seul recours devient le dictionnaire, on peut admettre que les composants suivent les règles de variabilité qui correspondent à leur classe et à leur fonction dans le composé. C'est même là un nouveau trait d'opposition entre les composés proprement dits et les dérivés, dans lesquels les marques de genre et de nombre ne dépendent pas du rapport fonctionnel qui unit les éléments constituants, mais de la nature du suffixe.

Les noms composés ont comme les noms simples ou dérivés un genre en propre, marqué dans leur forme et dans la forme de leur prédéterminant : les composés par expansion déterminative ont le genre du nom déterminé (le *tiroir-caisse*, la *basse-cour*), tandis que les composés par expansion prédicative, s'ils désignent un inanimé, ont le genre du masculin, qui est alors en réalité la marque de l'insexué, ou, si l'on préfère, la forme non marquée (le *va-et-vient*, le *laissez-passer*). Les noms composés par expansion appositive ou épithétique se fléchissent généralement sur leurs deux éléments (deux *wagons-restaurants*, des *basses-cours*, des *blancs-becs*), tandis que les composés à complément de relation ne se fléchissent que sur l'élément déterminé (des *timbres-poste*, des *poches-revolver*, des *chefs-d'œuvre*), avec une tendance à laisser invariable les composés à complément circonstanciel indirect (des *pot-au-feu*). Les composés à expansion prédicative demeurent le plus souvent invariables (des *abat-jour*, des *croque-monsieur*, des *tire-au-flanc*).

Les adjectifs composés doivent prendre en principe le genre et le nombre du nom qu'ils déterminent : mais la règle n'est valable que pour les adjectifs dont le dernier élément est lui-même un adjectif. Si les deux éléments sont des adjectifs, on accorde les deux formes du composé par coordination (*sourde-muette*), tandis que dans le composé par subordination seul l'adjectif déterminé est fléchi (une *femme clairvoyante*, une *fillette court-vêtue*). Les adjectifs composés à deuxième

(1) Voir N. Catach, J. Golfand, R. Denux, *Orthographe et lexicographie*, Paris, Didier, 1972 ; Nina Catach, *L'Orthographe française*, Nathan, 1980 ; Nina Catach, *L'Orthographe en débat*, Nathan, 1991.

élément nominal, verbal, ou pronominal, sont invariables (des *fruits bon marché*, des *robes pur fil*, des *sacs fourre-tout*) (1).

IV. — Les « recomposés »

Ils se caractérisent par le fait qu'un de leurs radicaux composants au moins n'existe pas dans la langue à l'état isolé : ou bien, c'est un radical d'origine latine ou grecque, ou bien c'est un radical français (éventuellement emprunté autrefois à une langue étrangère moderne), dont la syllabe finale a subi pour les besoins de la composition une modification.

Les recomposés « classiques » qui appartiennent pour l'essentiel aux lexiques spécialisés des sciences et des techniques (avec une marge de mots vulgarisés par la publicité et la presse), sont avant tout des substantifs (à suffixe *-ie*, ex. *philologie*, pour désigner la science ou la technique, *-e* ou *-iste* pour le savant, le technicien, ou l'instrument, ex. *philologue, biologiste*), et des adjectifs (à suffixe *-ique*, ex. *photographique*, lorsque le 2e élément n'est pas lui-même marque d'adjectif, comme par exemple dans le cas de *-gène*). Les verbes (désignant l'opération scientifique ou technique) sont toujours de dérivation secondaire ; ils sont formés à l'aide du suffixe *-er/-ier* : *lithographier, téléphoner*.

Certains radicaux grecs et latins peuvent servir selon les cas d'élément initial ou d'élément final : *pédicure* et *quadrupède*, *carbonifère* et *oxycarboné* (latins) ; *graphologie* et *orthographe*, *lithographie* et *monolithe*, *logomachie* et *monologue*, *technocratie* et *électrotechnie*, *électro-aimant* et *radio-électrique*, *géno-type* et *tératogène* (grecs). — D'autres servent exclusivement dans l'une ou l'autre de ces positions : les éléments latins *-cide*, *-cole*, *-culteur*, *-fique*, *-forme*,

(1) Voir J. MAROUZEAU, art. cit., *Le français moderne*, juillet 1954.

-*fuge*, etc., apparaissent toujours à la finale ; *carni-*, *déci-*, *igni-*, *lacti-*, *multi-*, *omni-*, etc., toujours à l'initiale ; les éléments grecs *-ide*, *-mancie*, *-onyme*, *-thèque*, sont toujours finaux, *démo-*, *hippo-*, *micro-*, *mono-*, *néo-*, *nécro-*, etc., toujours initiaux. Le grec a fourni au français un plus grand nombre d'éléments de recomposition que le latin, et l'on note que des éléments latins et des éléments grecs, ce sont ces derniers qui jouissent de la plus grande souplesse de construction (1).

Les recomposés « modernes » calquent leur formation sur les précédents, à l'aide de radicaux divers, dont la voyelle finale est altérée en *-o*, à la manière des recomposés « grecs », ou en *-i*, à la manière des composés « latins » : *franco-soviétique*, *germano-anglais*, *socialo-communiste*, *afro-asiatique*, *servo-mécanisme*, *socio-professionnel*, *publi-rédactionnel*, *morti-natalité*, *surdi-mutité*. Ces recomposés se distinguent des précédents par leur fragilité et leur « fluence » : il s'agit le plus souvent de termes qui ne servent qu'à caractériser une réalité momentanément créée par la mise en relation de deux objets normalement distincts ; et, nés des circonstances, ils disparaissent avec elles.

L'orthographe des recomposés ne pose aucun problème : elle est conforme aux règles qui ordonnent l'orthographe des mots simples et dérivés, et l'usage du trait d'union y est un peu moins aléatoire que pour les composés : il sert à séparer deux éléments en hiatus *(électro-aimant)*, et est normalement exclu dans le cas contraire *(électromagnétique)*.

Si beaucoup de ces formations restent cantonnées dans les glossaires spécialisés, un certain nombre passent dans l'usage de la presse de grande infor-

(1) Voir H. COTTEZ, *Dictionnaire des structures du vocabulaire savant*, Les Usuels du Robert, 1980.

mation, et quelques-uns, de là, dans le vocabulaire courant. Des activités relativement modestes se parent, à des fins publicitaires, de racines grecques : les coiffeurs ont inventé le mot *thricologue*, pour désigner ceux d'entre eux qui s'estiment des « spécialistes capillaires ». Des circonstances momentanées, telles que le prestige d'un homme politique, ou le succès populaire d'une technique, peuvent faire la fortune d'un radical : ainsi *autodétermination*, apparu dès 1955, mais rendu célèbre en 1959 par un discours du général de Gaulle, avait donné naissance à des dizaines de formations en *auto-* (radical grec signifiant : par soi-même), les unes durables, les autres éphémères (relevons au hasard, dans la presse de ces dernières années : *auto-analyse*, *autobéatificatrice*, *autocensure*, *autodestruction*, *autofinancement*, *autopunition*, *autotaxation*, etc.), qu'il ne faut pas confondre avec les *composés* créés sur le radical français *auto*, abréviation de *automobile* (*autoberge*, *automarché*, *autostoppeur*).

Le problème se pose alors de savoir si ces radicaux de recomposition, à partir du moment où leur productivité a augmenté dans de telles proportions, ne deviennent pas tout simplement des affixes, à ranger dans les séries où figurent déjà les préfixes grecs ou latins du type *anti-*, *archi-*, *hypo-*, *anté-* ou *ex-*. C'est le cas par exemple pour l'élément *télé-* (radical grec signifiant *de loin*), popularisé par l'extension de la *télévision*, et sur lequel on a composé des formes récentes comme *télé-enseignement*, ou *télédiagnostic* (1) ; ou pour *néo-* (radical grec signifiant *nouveau*), dont on a tiré *néo-colonialisme*, *néo-roman*, *néo-romanciers*. De même pour la

---

(1) Voir J. PEYTARD, Motivation et préfixation. Remarques sur les mots construits avec l'élément *télé-*. *Cahiers de lexicologie* n° 4, 1964, pp. 37 à 44.

fortune des mots construits sur l'élément *post-*, à notre époque dite *post-moderne*...

Cela a été le cas également pour ce curieux suffixe *-bus*, autrefois désinence du mot latin *omnibus*, « pour tous », utilisé comme qualificatif de *voiture*. Ce qualificatif s'est substantivé (un *omnibus*) et sa désinence a été alors sentie comme un élément de composition, qui a pu s'accoler à des radicaux nouveaux : *autobus, trolleybus, aérobus, hélibus. -Bus*, qui n'avait à l'origine aucun *sens*, devenait ainsi l'élément formel commun d'une série de mots qui impliquaient tous l'idée de transport collectif, le radical indiquant la technique spécifique. D'où ses deux derniers avatars : son abréviation en mot simple *bus*, avec le sens d'autobus urbain, et son emploi comme suffixe, affectant le radical d'une modalité qu'on pourrait dire « circulatoire », ainsi dans un mot comme *bibliobus* (bibliothèque circulante).

La productivité des composés et des recomposés varie avec les niveaux de vocabulaire. Dans le lexique courant, leur proportion est très faible : de *remuer* à *rôle*, soit 1 000 formes, le *Petit Larousse* enregistre 35 mots composés ou recomposés, soit moins de 3 % de composés proprement dits. Sur les 1 000 mots les plus fréquents du français élémentaire, on en compte une trentaine — y compris des formes comme *tandis que, celui-là* ou *qu'est-ce qui*. Sur les 143 premiers mots du Dictionnaire fondamental de G. Gougenheim (pp. 1 à 25, A — Appareil), seuls *agricole, agriculteur, agriculture* peuvent à la rigueur être considérés comme des composés.

Les composés par accolement direct de radicaux sont concurrencés en français courant par les syntagmes libres (ou analytiques), construits avec un adjectif épithète ou une détermination prépositionnelle. A la différence de l'allemand, le français ne dispose pas couramment de la composition. C'est la rançon de la disponibilité de notre système de suffixes, de préfixes, et de particules. Par la souple variation des éléments interchangeables du mot ou du syntagme — suffixes ou éléments préfixés (parmi lesquels on pourrait inclure *très*, *peu*, *pas*, etc., devant l'adjectif, et l'élargissement *de* devant le nom : *peu fortuné, peu de fortune ; parole de paix*, etc.), la langue passe aisément du syntagme verbal au syntagme nominal, ou d'un type prédicatif à un autre : *il a peu de fortune, il est peu fortuné ; ayant peu de fortune, peu fortuné* (1). Un même radical peut ainsi se prêter à toutes sortes de figures syntaxiques. Au contraire, un radical de composé est, sauf exception, un radical figé, privé de tout pouvoir de transposition. Seuls les lexiques spécialisés, qui ont besoin de dénominations précises, fixes, univoques, plutôt que de liberté dans la construction de l'énoncé, usent largement de cette formation (2). De même, dans un domaine apparemment éloigné de ce dernier, mais qui lui est apparenté sous son aspect fonctionnel, celui des dénominations rurales et populaires servant à désigner de manière imagée des oiseaux ou leur cri, des personnes, des lieux-dits, des jeux, des plantes, on constate la relative productivité des formations composées : *Chantepie, Chanteraine, Chanteloup, Hurlevent, Pisseloup, Picpus, Gobemouton, Sautemouche, Faut-Yonne*, etc. (3).

V. — Les locutions

Elles sont restées longtemps ignorées tant des grammaires que des manuels de vocabulaire. C'est qu'elles se prêtent

(1) Voir J. DUBOIS, *Grammaire structurale du français : le verbe*, Paris, Larousse, 1967 (chap. III : Bases verbales et bases nominales).
(2) Voir Maurice GROSS, Degré de figement des noms composés, *Langages*, n° 90, pp. 57-72.
(3) J. MAROUZEAU, *Composés à thème verbal, art. cit.*

difficilement à la définition et à l'analyse. Nous renvoyons les lecteurs, pour leur classement sémantique, l'étude de leurs particularités grammaticales, et celle de leur usage stylistique, à l'ouvrage de M. Pierre Guiraud (*Les locutions françaises*, « Que sais-je ? », n° 903), et au *Dictionnaire des expressions et locutions*, d'Alain Rey et Sophie Chantreau, Les Usuels du Robert.

Elles sont de diverses sortes. Les locutions verbales *(rendre grâce, demander pardon, faire peur, rendre compte)*, les locutions nominales *(pétition de principe, restriction mentale, force de frappe, guerre atomique, bouc émissaire*, etc.*)*, les locutions adjectives *(bleu ciel, vert pomme*, etc.*)*, les locutions adverbiales *(au fur et à mesure, sans coup férir)*, prépositives *(à la place de, à l'insu de)*, conjonctives *(au fur et à mesure que)* peuvent apparaître dans la phrase au même endroit et avec la même fonction que les verbes, noms, adjectifs, adverbes, prépositions et conjonctions simples. Les groupements idiomatiques occupent la totalité d'un syntagme *(franc comme l'or, aller au diable Vauvert, avaler des couleuvres, dormir comme une marmotte)*. Ils peuvent même constituer une phrase entière *(chat échaudé craint l'eau froide)* : ce sont alors des *maximes* ou des *proverbes*.

Les locutions occupent une position intermédiaire entre les mots composés et les syntagmes libres, avec toutes les gradations possibles d'un bord à l'autre. Elles se différencient des premiers par le fait que l'un de leurs éléments est une expansion de l'autre relativement facultative *(restriction* peut fonctionner sans *mentale*, et inversement, tandis que *rez* est inséparable de *chaussée)* : elles demeurent des groupes de mots tandis que les composés sont des mots uniques. Mais elles se différencient des syntagmes libres, les unes par leur complète intégrité morpho-syntaxique *(sans coup férir*, qui n'est pas cependant un composé, à cause de la disponibilité de *sans* dans le cas où l'on supprimerait *coup férir)*, les autres par leur intégrité grammatico-sémantique *(avaler des couleuvres*, qui ne peut être désintégrée sans que chacun des composants perde sa valeur figurée), d'autres enfin par la fréquence remarquable de leur emploi pour désigner un concept unique *(restriction mentale, guerre atomique)*.

VI. — Les abréviations

L'extension des formations composées ou recomposées, ainsi que des locutions, dans les langages techniques, et la vulgarisation partielle de ces langages, ont contrarié la tendance du français à restreindre l'emploi des mots longs (plus de trois syllabes prononcées). Il en est résulté un phénomène tout à fait caractéristique de la langue familière contemporaine : l'usage de formes tronquées, et d'initiales, qui ramènent les mots et locutions multi-syllabiques des glossaires spécialisés au format habituel de la langue vulgaire.

Le mode d'abréviation le plus usuel est celui qui ne conserve d'un *recomposé* que ses deux ou trois premières syllabes : *métro* (de *métropolitain*), *micro* (de *microphone*), *photo* (de *photographie*), *stylo* (de *stylographe*), *écolo* (de *écologiste*). La syllabe en -*o*, qui est située approximativement à la moitié du mot est sentie comme la finale d'un premier élément de composition. C'est elle qui sert de point d'amputation, parfois au mépris de l'étymologie : si *métro* est effectivement un premier élément de composition, *météo* n'est qu'un moignon de l'élément entier *mé-téoro-*. Il en est de même de *cinéma* ou de *ciné*, sur *cinématographe* (mais non pas de *télé*, sur *télévision*), de *vélo*, sur *vélocipède* (mais non point de *moto*, justement coupé sur *motocyclette*), de *pneu*, sur *pneumatique*, de *sécu*, sur *sécurité (sociale)*.

La multiplication des abréviations en -*o* au XIXe siècle *(aristo, mélo, chromo, expo, photo)*, et l'existence d'un suffixe déformateur en -*o* avec élargissement en -*go*, -*to*, -*lo*, etc., dans l'argot et la langue vulgaire *(camaro, prusco, mendigot, Parigot, salopiaud, boulot, cuisto)* ont ajouté au système des suffixes modernes un suffixe d'abréviation en -*o*, qui sert soit pour la troncation de mots *dérivés (promo* sur *promotion, collabo* sur *collaborateur, labo* sur *labora-toire)*, soit pour se substituer, à la finale d'une abré-viation, à une autre syllabe : *apéro* (sur *apératif*), *métallo* (sur *métallurgiste*), *mécano* (sur *mécanicien*), *hosto* (sur *hopital*), etc. Ces dernières abréviations sont populaires (1). De là, le succès de l'effet phonique et sémantique dans la série *métro, boulot, dodo* (slogan de 1968).

Populaire également (langue commune des militaires, ou des étudiants), celle qui consiste à couper le mot immédiatement après la consonne initiale de sa deuxième, ou parfois de sa troisième syllabe. A la différence du type précédent, l'abréviation se termine alors par une syllabe fermée : *prof*, sur *professeur* ; *sous-off*, sur *sous-officier* ; *bac*, sur *baccalauréat* ; *perm*, sur *permission* (orthographié parfois *perme*, par recherche inconsciente d'une graphie plus normale) ; *mob*, sur *mobylette* ; *sensass*, sur *sensationnel* ; *aprèm*, sur *après-midi*, etc. Autre différence : ces termes ne se prêtent pas à la composition et à la dérivation, ce qui n'est pas le cas des abréviations à finale vocalique *(autoroute, cinéaste, ciné-roman, télévisuel, téléaste)*.

Signalons enfin l'existence de quelques types moins courants : l'amputation de la première ou des deux premières syllabes (*car, bus*, pour *autocar, autobus, pitaine*, pour *capitaine*), la substitution d'un mot plus court senti comme de radical identique, et relevant des mêmes catégories grammaticales *(colon*, pour *colonel* (2), *couvrante*, pour *couverture)*, et même une combinaison de l'amputation et de la substitution de suffixe *(protal*, pour *proviseur* ; *cinoche* pour *ciné* ou *cinéma)*. Dans les lexiques scientifiques, certains suffixes deviennent des mots autonomes : ainsi, en médecine, *algie* (douleur), ou *ases* (désignant au pluriel, de manière générique, les diastases).

---

(1) Voir S. Heinimann, Les mots déformés en -o dans l'argot, dans le langage populaire et dans la langue commune, *Mélanges Mario Roques*, II, pp. 151-163, Didier, 1953.
(2) Ici, à l'abréviation, se joint un phénomène d'attraction paronymique. Voir aussi *cabot*, sur *caporal*.

VII. — Les sigles

L'usage des sigles, c'est-à-dire des unités formées par la réunion des lettres initiales ou des syllabes initiales des mots composant une locution, caractérise au contraire la langue standard, avec une prédominance d'emploi dans le vocabulaire de l'administration ou de la presse. En effet, seules peuvent faire l'objet de la « siglaison » les locutions dénominatives utilisées pour la désignation officielle des grandes organisations administratives, politiques, syndicales, techniques, commerciales : l'*U.D.F.*, le *P.C.F.*, les *C.R.S.*, une *Z.A.D.*, la *R.A.T.P.*, la *S.N.C.F.*, la *C.G.T.*, le *T.G.V.*, etc. On peut désigner ainsi des réalités étrangères : la *C.E.E.*, les *U.S.A.*, ou internationales : l'*O.N.U.*, l'*O.T.A.N.*, l'*U.N.E.S.C.O.*

Certains de ces sigles n'ont de sens que pour des initiés. Le *C.R.E.D.I.F.* n'est pas un organisme bancaire, mais le Centre de Recherches et d'Études pour la diffusion du français... Les promoteurs d'associations et d'organismes nouveaux s'ingénient à trouver des sigles tout proches du jeu de mots, non seulement par jeu ou par sens de l'humour, mais aussi par souci de publicité : un sigle « parlant » s'enregistre plus vite, se retient mieux, et fait plus rapidement connaître les activités du groupe qu'il désigne. Au lieu que le sigle naisse du titre, c'est alors le titre qui s'adapte au sigle.

Faut-il considérer les sigles comme des *mots*, au même titre que les abréviations ? Certains restent de simples associations de *lettres* sans signification indépendante (exemple D.G.S.E.) et d'usage conventionnel étroitement localisé : ils n'appartiennent pas plus au système de la langue que les groupements de signes sténographiques. Mais d'autres, d'emploi général, sont revêtus d'une fonction désignative autonome : point n'est besoin, pour savoir ce qu'ils désignent, de reconstituer la locution entière, dont la « formule développée » reste souvent ignorée de la grande masse des usagers, surtout s'il s'agit d'une locution étrangère (U.S.A., U.N.E.S.C.O.). Ceux-là sont des *signifiants* intégrés au système général de la langue. On peut aussi les considérer, d'une certaine manière, comme des mots composés.

Certains sigles — rares, jusqu'à présent — fonctionnent comme des noms propres, sans article. La plupart fonctionnent comme des noms communs. Pour les plus familiers, dans la langue commune (l'usage soutenu y répugne encore), et si le groupement littéral le permet, chacune des lettres composantes perd sa prononciation *alphabétique* indépendante, et devient un son obéissant aux lois phonologiques générales : *O.N.U.* se prononce *Onu*, *O.T.A.N.*, *Otan* ([*an*] ou *ã*), *C.R.É.D.I.F.*, *Crédif*, etc. La lexicalisation est totale dans le cas de *radar (Radio-Detection and Ranging)* et de *jeep* (croisement probable de *General Purpose*, voiture pour tout usage, et de *jeep*, petit animal imaginaire, très agile, créé vers 1930 par le dessinateur américain Segar, l'inventeur de *Popeye*). Enfin les sigles à prononciation détachée comme les sigles à prononciation liée peuvent, dans des conditions sémantiques données, servir de bases de dérivation : *cégétiste* est apparu dès le début de ce siècle, et on a parlé communément, pour désigner les « Casques bleus » de l'O.N.U., des troupes *Onusiennes* (1).

Toutes les sortes de mots que nous venons d'étudier — mots simples, mots dérivés, mots composés, recomposés, abréviations, sigles — ainsi que les locutions,

(1) Voir Louis-Jean CALVET, *Les sigles*, coll. « Que sais-je ? ».

constituent ce qu'on peut appeler le fonds national, ou autochtone, du lexique. Elles sont, à notre époque comme aux époques antérieures, inégalement productives. De nos jours, la langue courante fait une large consommation des mots simples, des mots dérivés, des abréviations, et des locutions (en particulier les locutions construites avec des verbes de grande extension comme *avoir*, *faire*, *prendre*, *mettre*). Les jargons techniques usent plutôt des dérivés savants, des mots à plusieurs radicaux, et des sigles.

Enfin, l'argot moderne use volontiers de l'inversion de phonèmes ou de syllabes. C'est le *verlan* (à l'envers → verlan), exemples *meuf* (femme), *keum* (mec), *beur* (arabe), *feuj* (juif).

VIII. — Les éléments étrangers

Malgré leur diversité, ces ressources sont concurrencées par celles qui proviennent des langues étrangères. Le développement des techniques modernes souvent d'invention étrangère, l'accroissement des échanges matériels et humains, ainsi que des concurrences, la multiplication des traductions, empêchent plus que jamais notre langue de vivre en autarcie, et y ouvrent en permanence des brèches par lesquelles s'introduisent des termes étrangers, notamment dans les secteurs du lexique où le français ne dispose pas des formes adéquates pour désigner économiquement les réalités nouvelles qui attendent un nom.

Nous n'entendons évidemment par éléments étrangers, ni les termes argotiques, ni les recomposés classiques des terminologies techniques, déjà étudiés, ni les termes des parlers français régionaux, mais seulement les termes et les locutions qu'on reconnaît, dans des textes français, comme relevant d'une structure phonologique, morpho-syntaxique, et orthographique, distincte de celle du français : types *planning*, ou *play-back*. Les emprunts de sens, ou calques sémantiques (exemple *réaliser*, au sens de concevoir, ou *étoile*, au sens de vedette), outre qu'ils sont beaucoup plus difficiles à percevoir comme tels, doivent être étudiés à propos des structures et des mouvements sémantiques.

Constatons tout de suite, pour rassurer les puristes, la très faible proportion des éléments étrangers dans la langue commune. Si nous reprenons encore une fois les listes publiées par les auteurs du *français élémentaire*, nous ne trouvons sur les 1 000 mots relevés comme les plus fréquents, qu'une forme étrangère : *speaker* (*micro*, *radio*, nous semblent devoir être tenus pour français ; un cas discutable : *film*). De *A* à *appareil*, dans le *Dictionnaire fondamental* de M. Gougenheim (143 mots), pas un seul « xénisme » (*alcool*, d'origine arabe, est un mot français). Sur les 180 formes commençant par *gra-* dans le *Petit Larousse*, nous comptons une demi-douzaine d'emprunts caractérisés, et une petite vingtaine sur le millier de formes qui se succèdent entre *remuer* et *rôle* : soit, pour un recueil de vocabulaire courant largement ouvert aux mots techniques, et non suspect de chauvinisme linguistique, une proportion maximale de 3 à 4 %.

Il n'en est pas de même dans certains vocabulaires marginaux, où des motifs purement techniques se conjuguent avec le snobisme jargonneur de quelques initiés, pour acclimater les mots d'importation : notamment dans le vocabulaire de l'aviation *(jet, crash, cockpit, steward)* (1), des industries du

(1) Voir L. GUILBERT, Anglomanie et vocabulaire technique, *Le français moderne*, octobre 1959 ; *La formation du vocabulaire de l'aviation*, Paris, Larousse, 1965 ; *Le vocabulaire de l'astronautique*, Paris, Larousse, 1967.

sol *(pipe-line* — concurrencé par le « classique » *oléo-duc, derrick, half-track, bull-dozer)*, des sports *(goal, shot* — francisé en *choute, chouter* — *volley-ball, smash, bowling, skate-board, karting, spider, roadster,* sans parler des lexiques du *tennis,* du *golf,* du *turf,* ou du *yachting)*, de la danse *(twist, swing, be-bop, tamouré, rock, rap)*, du cinéma (1) et de la télé-vision *(remake, script-girl, cameraman, kinescope, western, travelling* — que Marcel Aymé a francisé par dérision en *travelingue* — *happy end, vamp, sus-pense, play-back)*, des spectacles de variétés *(strip tease, jazz, negro-spiritual)*, du journalisme *(racket, tabloid, news, free-lance, hold up, reporter, rewriter, offset, flash, télétype)*, de la mode vestimentaire *(blue jean* — que Raymond Queneau orthographie *bloudjinn,* « comme ça se prononce »... — *tweed, new-look, pull-over, duffle-coat, loden)*, etc. C'est ce que M. Étiemble a appelé le *franglais,* ou encore *sabir atlantique,* variété du *babélien* ou langage de Babel (2).

De fait, l'anglo-américain se taille la plus large place dans nos importations de mots : si 5 % des 4 000 mots nouveaux enregistrés par le *Petit Larousse* de 1949 à 1960 sont d'origine étrangère, 2,5 %, soit la moitié, sont d'origine anglo-américaine. Ce sont ceux qui apparaissent dans les marges immédiates du lexique de la vie quotidienne, comme on peut aisé-ment s'en rendre compte en feuilletant les pages de *mode* ou d'*ameublement* des hebdomadaires.

Pour des raisons principalement économiques et politiques, les autres langues fournissent un apport

(1) Voir J. Giraud, *Le lexique français du cinéma, des origines à 1930,* Paris, C.N.R.S., 1958.
(2) R. Etiemble, *Questions de poétique comparée,* I ; *Le babélien,* Paris, C.D.U., 1961-1962. — *Parlez-vous français ?,* Paris, Galli-mard, 1963. Voir aussi Josette Rey-Debove et G. Gagnon, *Diction-naire des anglicismes,* Les Usuels du Robert, 1981 ; M. Höfler, *Dictionnaire des anglicismes,* Larousse, 1982.

moins massif, et pénètrent, sauf exception, dans des glossaires plus éloignés encore du lexique courant. L'espagnol fournit à la « tauromachie « (*toro*, *corrida*, *aficionado*, *picador*, etc.). L'allemand alimente la philosophie (*Weltanschauung*, *Gestaltpsychologie*, *Dasein*), le russe la politique et l'économie (*soviet*, *kolkhoze*, *goulag*), les langues nordiques, les sports de montagne (*anorak*). De façon générale, ces langues, et beaucoup d'autres, sèment des formes ici et là, au gré des commodités de la terminologie scientifique (*tchernozium*, *kibboutz*, *openfield*), ou tout simplement de l'actualité (*kamikaze*, *apparatchik*, *refuznik*, *ayatollah*, *crack*, etc.).

Dans leur quasi-totalité, ces éléments étrangers sont des substantifs, ce qui indique le caractère occasionnel de leur emploi, à des fins dénominatives. On peut aisément emprunter un substantif étranger, et le « franciser » à demi, en lui adjoignant dans l'énoncé les déterminants spécifiques du substantif français, tels que *le*, ou *ce* (généralement à la forme non marquée — ou « insexuée » — du masculin, lorsqu'il s'agit de substantifs désignant un inanimé). Il est beaucoup plus difficile d'emprunter un verbe, dont la flexion ne peut en aucune manière se marier avec la conjugaison française.

L'emprunt des noms et des adjectifs n'est pas sans poser lui-même des problèmes grammaticaux (1). Ne parlons que pour mémoire de la place de l'accent (les paroxytons et proparoxytons étrangers deviennent vaille que vaille oxytons en français). Mais faut-il conformer le pluriel de ces mots aux règles de la langue d'origine ou bien aux règles du français (*gentlemans* ou *gentlemen*, *ladys* ou *ladies*, *lieds*

---

(1) Voir J. DUBOIS, art. cit., *L'information littéraire*, janvier-février 1963.

ou *lieder*, *concertos* ou *concerti*, *touaregs* ou *targui* ?)
Faut-il accorder les adjectifs d'origine anglaise,
qui en anglais demeurent invariables ? L'usage varie,
selon le snobisme et les connaissances de l'utilisa-
teur. L'adoption définitive des marques françaises
est un signe de la francisation : celle-ci est particulièrement rapide lorsque la marque graphique
est identique dans les deux langues *(reporters,
speakers)*.

Le processus d'intégration au vocabulaire français se manifeste par la possibilité d'épingler au
mot un affixe français, ou de l'abréger : sur
scooter, on forme *scootériste*; sur *volley*, *volleyeur*; sur
dribble, *dribbler*; sur *tramway*, *tram*; sur *sanatorium*,
sana ; sur *volley-ball*, *volley*. Mais il peut aussi se
manifester par un phénomène en quelque sorte
inverse : l'afflux de termes étrangers ayant un
affixe commun peut entraîner la naturalisation de
ce dernier, et celui-ci, devenu familier à l'oreille
et aux yeux des Français, favorise à son tour l'introduction de nouveaux termes le comportant.
C'est assez net, en français contemporain pour
les suffixes anglais *-ing* et *-er* ; *-ing* sert même
— comme une sorte de suppléance à *-age* — à former
des mots nouveaux sur des radicaux autochtones.
De même l'élément de composition *self (self-
service*, *self-contrôle)*, et, dans le lexique de la publicité — avec une relative limitation aux noms propres —, les suffixes en *-ic* et en *-ex*.

Ainsi le mécanisme de l'emprunt peut affecter
non seulement des mots, mais aussi, dans des proportions infiniment plus restreintes, des éléments de
formation. Mais non point des désinences : le système des marques de genre, de nombre, de détermination, dans les noms, ou des marques de temps, de
mode, d'aspect, de personne, de voix, dans les

verbes, n'est en rien affecté par les vicissitudes de l'anglomanie en français.

Faible est finalement la proportion des mots étrangers dont l'emploi semble destiné à subsister. La plupart passent, comme les modes, et sont finalement expulsés à cause de la rigidité de nos structures morphologiques. Quant à ceux qui nous restent, ou bien ils entrent dans l'usage courant, et leur naturalisation s'accompagne de transformations qui les francisent totalement : notre langue y gagne des mots nouveaux, pourquoi s'en plaindre ? Ou bien ils demeurent confinés dans des secteurs spécialisés du lexique, sans incidence sur le mouvement de la langue générale. Ou bien encore, regroupés en séries, tels les mots comportant les suffixes *-ing*, ou *-er*, ou le phonème *w (sw-, tw-)* ils introduisent dans l'usage des particularités morpholexicales ou phoniques nouvelles dont la pertinence demeure infiniment moins sensible que celle des variantes stylistiques ou régionales.

L'influence des sources étrangères dans le fonctionnement et l'évolution de la langue doit donc être ramenée à sa juste mesure, loin derrière les mécanismes que nous avions étudiés précédemment (1).

(1) Voir R. L. WAGNER, Le mythe de la pureté ou beaucoup de bruit pour rien, *Mercure de France*, mai 1964, pp. 92 à 109. Voir aussi Pierre GILBERT, *Dictionnaire des mots contemporains*, Paris, Les Usuels du Robert, 1980 ; les arrêtés ministériels du 12 janvier 1973, sur l'enrichissement des vocabulaires techniques (*J.O.* du 9 et du 18-1-1973) ; Daniel BAGGIONI, Dirigisme linguistique et néologie, *Langages*, déc. 1974, pp. 53-66 ; A. REY, *La terminologie*, P.U.F., 1979 ; D. BECHEREL, A propos des solutions de remplacement des anglicismes, *La Linguistique*, vol. 17, 1981, pp. 119-131. Voir aussi les publications de Lucien LERAT et celles des commissions de terminologie qui fonctionnent auprès des services du Premier Ministre (en particulier Loïc DEPECKER, ouvrage à paraître, Larousse, 1996).

CHAPITRE V

LES STRUCTURES SÉMANTIQUES

Nous avons jusqu'ici étudié les mots sous leur aspect formel. Mais « un mot est défini par l'association d'un sens donné à un ensemble donné de sons susceptible d'un emploi grammatical donné » (Meillet). Autrement dit, si le mot se manifeste dans l'énoncé par son *signifiant*, c'est-à-dire sa réalisation matérielle, il fait référence à la réalité non linguistique, et comporte de ce fait un *signifié*.

I. — Le « sens » des mots

Le mot *signifie*, parce qu'en fonction des lois internes du *code* linguistique auquel il appartient, il permet de transmettre un message donné, ou une portion d'un message donné, qui *informe* l'auditeur ou le lecteur sur un aspect particulier de l'expérience du locuteur ou du scripteur. Pour tout mot de la langue, et dans un entourage contextuel donné, il existe une relation nécessaire et constante entre sa face *signifiant* et sa face *signifié*, autrement dit entre sa forme et son contenu d'information, entre sa réalisation matérielle et les données notionnelles qu'il sert à transmettre, l'un évoquant l'autre. (Voir *La Sémantique*, de Pierre Guiraud, « Que sais-je ? », n° 655, Alain Rey, *Théories du signe et du sens*, Klincksieck, 1973, Christian Baylon et Xavier Mignot, *Sémantique du langage*, Nathan, 1995.)

Le sens d'un mot n'apparaît pas seulement par sa relation constante à un aspect donné du réel. Il se manifeste également par des traits supplémentaires qui résultent de l'appartenance du mot à un système linguistique déterminé : les relations intralinguistiques déterminent en particulier l'étendue de l'emploi du mot. On constate aisément qu'un même mot français, selon ses conditions d'emploi dans l'énoncé, se traduit en une langue étrangère par des mots différents, et que l'emploi de certains mots se limite à une locution idiomatique (*grièvement*, dans *grièvement blessé*, ou *hère*, dans *pauvre hère*), tandis que d'autres, de même sens, se prêtent à la réalisation de multiples configurations verbales (*gravement*, *individu*, *homme*, etc.).

Tout mot français appartient donc, du point de vue de sa signification, à une structure qui doit être étudiée selon deux axes : celui que définit l'étude des *substitutions* possibles de mots différents pour une même signification en un lieu déterminé de l'énoncé, et celui des *combinaisons* possibles d'un même mot avec d'autres, avec variation probable de sa signification. Ces deux axes dépendent étroitement l'un de l'autre.

II. — La synonymie et l'antonymie

Le premier est celui de la *synonymie*, et de son contraire l'*antonymie*.

Les *synonymes* sont des mots ou des expressions qui se différencient par leur composition phonologique, mais appartiennent à la même classe grammaticale et ont la même signification. Autrement dit, un même signifié est exprimé, pour une classe grammaticale donnée, dans des signifiants distincts. Exemples : *louange* et *éloge* ; *danger* et *péril* ; *distinguer* et *différencier* ; *expression*, *locution*, *tournure*, *tour* ; *imprévu*, *inattendu*, *inopiné* ; *avare*, *grigou*, *grippesous*, *harpagon*, etc.

Mais l'étude de la synonymie est moins simple qu'il n'y paraît. Rares sont en effet les synonymes parfaits, ou variantes sémantiques complètement libres. Les dictionnaires dits de synonymes peuvent être à cet égard trompeurs. En effet, ou bien les prétendus synonymes ne sont pas absolument interchangeables (*impoli*, *malappris*, *insolent* ; *battre*, *frapper*, *heurter*). Ou bien ils appartiennent à des familles morphologiques de structures différentes, dans lesquelles la synonymie ne peut s'étendre qu'à travers des modifications morphologiques qui compromettent le parallélisme de l'emploi des termes dans l'énoncé : *louanger* existe, mais non point **élogier*, tandis qu'à *louangeur* correspond *élogieux*. Ou bien l'identité de sens n'apparaît que dans des syntagmes de nature particulière, et en nombre limité. La synonymie n'est alors qu'une variation combinatoire (1), et les mots substituables dans un nombre limité de contextes ont en réalité des aires sémantiques fort différentes dans leur composition, et non « juxtaposables » (2) : on dit à volonté *payer ses impôts* ou *payer ses contributions*, mais on ne dira pas **offrir son impôt*, tandis qu'on peut dire *offrir sa contribution* ; on est indifféremment *abattu* ou *accablé* (quoique avec des nuances de degré), mais on ne peut **abattre quelqu'un de reproches*, il faut *l'accabler de reproches*. Ou bien, enfin — et ce n'est qu'un cas particulier, mais notable, de l'observation précédente, l'identité de signification apparaît dans des mots qui appartiennent à des registres et à des niveaux distincts de l'idiome. Les lexicologues russes parlent à ce propos de *synonymes expressifs* (3) (mieux vaudrait dire : psychologiques, ou psycho-sémantiques), pour les variantes

(1) Voir Jean DUBOIS, *Cahiers de lexicologie*, n° 3, p. 197.
(2) J. MAROUZEAU, *Précis de stylistique française*, pp. 118-119.
(3) N. N. LOPATNIKOVA et N. A. MOVCHOVITCH, *Précis de lexicologie du français moderne*, Moscou, 1958. — Voir aussi B. DU CHAZAUD, *Nouveau Dictionnaire de synonymes*, Les Usuels du Robert, 1980 ; J. GENOUVRIER, *Dictionnaire des synonymes*, éd. Larousse.

de l'attitude affective du locuteur *(bon, fameux, magnifique, épatant, formidable, extraordinaire, sensationnel, prodigieux)*, et de *synonymes fonctionnels* (mieux vaudrait dire : sociologiques ou socio-sémantiques), pour les variantes dépendant de la situation du locuteur dans le groupe : *travailler* (terme standard), *chiader* (terme d'étudiant), *gratter* (terme d'ouvrier) ; *perdu* (terme standard), *fichu* (familier), *foutu* (grossier), etc. (1).

Les *antonymes* peuvent se ranger en trois espèces : les contradictoires (l'un se définit par la négation de l'autre, sans terme intermédiaire : *vivant-mort, vrai-faux*), les contraires (qui se placent aux deux extrémités d'une échelle d'évaluation, avec possibilité de termes intermédiaires : *chaud-froid*, avec pour intermédiaire *tiède*), et les inverses ou réciproques (qui impliquent deux phénomènes complémentaires, mais inversés : *acheter-vendre*) (2).

III. — La polysémie

Le second axe est celui de la *polysémie*. Un même mot peut prendre à une époque donnée des significations différentes.

La sémantique traditionnelle distingue entre *sens propre* et *sens figuré*. Au propre, la *clé* est un instrument servant à ouvrir, ou à fermer une serrure ; mais on parle volontiers, au figuré, de la *clé d'un problème*, ou de la *clé d'un mystère*, ainsi que de *problème clé*, de *mot clé*, etc. Un même mot sert au

(1) Voir également J. MAROUZEAU, Quelques observations sur la langue vulgaire, *Le français moderne*, octobre 1954, pp. 241-251 ; H. BERTAUD DU CHAZAUD, *Nouveau Dictionnaire des synonymes*, Paris, Les Usuels du Robert, 1979 ; Pierre GUIRAUD, *Les gros mots*, « Que sais-je ? », 1975.
(2) Voir L. GUILBERT, Les antonymes, *Cahiers de lexicologie*, n° 4, 1964, pp. 29 à 36 ; O. DUCHÁČEK, Sur quelques problèmes de l'antonymie, *Cahiers de lexicologie*, n° 6, 1965, pp. 55-66 ; Robert MARTIN, *Inférence, antonymie et paraphrase*, Klincksieck, 1976 ; G. KLEIBER, Adjectifs antonymes, *Trav. de linguistique et de littérature*, 1976, pp. 277-326 ; articles de B. COMBETTES et C. MASSERON, dans *Pratiques*, n° 43, octobre 1984.

propre dans la *fièvre du malade*, et au figuré dans la *fièvre de la campagne électorale.* Il est peu de mots, surtout dans le vocabulaire concret, qui ne puissent fonctionner tantôt au propre, tantôt au figuré.

Est-il justifié d'interpréter ce phénomène par des considérations d'ordre logique et de décrire les emplois figurés comme s'ils étaient déduits des emplois propres ? En réalité, à partir du moment où un mot apparaît dans la langue, il est apte à se charger d'autant de sens, concrets ou abstraits, directs ou figurés, qu'il existe de relations de comparaison possibles entre l'objet qu'il a commencé par désigner et tels autres. Il arrive d'autre part qu'un emploi à l'origine « figuré » perde sa valeur imagée pour devenir purement technique, pour reprendre en quelque manière un emploi propre : le *nid d'abeilles,* pour une couturière, n'est pas plus « figuré » que l'*ourlet* ou le *plissé* ; de même, pour un géographe, la *chaîne* de montagnes, ou pour un oculiste, la *prunelle* des yeux. Enfin, dans un état de langue donné, l'emploi figuré peut effacer totalement l'emploi propre : exemples, en français contemporain, *cordial* (adjectif), *énervé, flottant, navrant, impayable, mazette, pommade,* etc. La distinction du propre et du figuré est donc une distinction abstraite qui ne résiste guère à un inventaire systématique des « occurrences » du mot. En fait, tout signifié peut être transféré d'un lieu sémantique à un autre, le signifiant demeurant le même : c'est le phénomène que la linguistique moderne appelle la *connotation.* « La connotation, écrit M. Greimas, s'exerce à l'intérieur d'un système sémio-linguistique donné et constitue son caractère historique, et partant idiomatique, par rapport à une langue théoriquement parfaite où un *chat* serait toujours appelé un *chat* (1). »

En réalité, si le signifiant reste le même d'un emploi à l'autre, il entre dans un environnement différent. On peut donc dire, de manière générale, que l'extension de l'*aire sémantique* d'un mot, autrement dit le nombre de ses acceptions différentes, est fonction du nombre des combinaisons dans lesquelles il entre, selon les types d'énoncés. *Opération* ne prend pas le même sens dans le langage du chirurgien *(opération de l'appendicite)* que

---

(1) *Cahiers de lexicologie,* n° 2, p. 51. Voir C. KERBRAT-ORECCHIONI, *La connotation,* P.U.L., 1977.

dans celui du calculateur *(les quatre opérations)* ou dans celui du soldat *(le théâtre des opérations)*. La *parole* est tantôt l'acte de parler *(prendre la parole)*, tantôt le pouvoir de parler *(perdre la parole)*, tantôt l'énoncé réalisé *(une parole malheureuse)*. Chaque *sens* est ainsi la résultante d'une « relation formelle fondamentale », ou *collocation*.

Jean Dubois a montré que des mots de sens voisin, comme *route, voie, chemin*, ou *aigu* et *pointu.* se distribuent dans des ensembles différents selon l'environnement qu'admet tel ou tel de leur sens : on peut dire *suivre sa route, suivre sa voie, suivre son chemin*, mais on dira *route nationale* et non pas *voie nationale, angles aigus* ou *pointus*, mais *douleur aiguë* et non pas *douleur pointue*, etc. La polysémie d'un même mot peut ainsi s'étudier par des procédures d analyse formelle rigoureuse. Dans le cas d'un « idiotisme » du type *pauvre hère*, le mot *hère* ne prend d'emploi, donc d'acception en français, que dans sa *collocation* avec *pauvre*. On a affaire alors à la monosémie absolue. Le mot *hère* se différencie par là d'un mot comme *individu*, dont la collocation avec un adjectif admet non une forme unique d'adjectif mais une variable (1).

La monosémie relative est celle des mots qui admettent diverses collocations (semer du *seigle*, récolter, battre, ensacher le *seigle* ; grain, épi de *seigle*, etc.) sans cesser d'appartenir à un même réseau d'oppositions (*blé, orge, avoine*, etc.). Les mots qui composent une terminologie scientifique cohérente sont en général monosémiques : à l'unicité de leur forme, répond l'unicité de leur *sens* (*radium, soufre, appendicectomie, cholédoque*, etc.). A l'inverse, les mots les plus fréquents de la langue quotidienne (tels *faire, prendre, mettre, main, table*, etc.), ont un indice de polysémie élevé. Jacqueline Picoche *(Structures sémantiques du lexique français)* distingue leur *signifié de puissance* (leur concept générique, et génératif) et leurs *signifiés d'effets*, ou effets de sens.

Un autre type d'analyse décompose le sens d'un mot en traits différentiels de contenu ou sèmes. C'est l'analyse compo-

_____

(1) Voir J. K. HALLIDAY, Linguistique générale et linguistique appliquée à l'enseignement des langues, *Etudes de linguistique appliquée*, n° 1, Université de Besançon, et Paris, Didier, 1962, p. 21. Et Jean DUBOIS, Distribution, ensemble et marque dans le lexique, *Cahiers de lexicologie*, n° 4, 1964, pp. 5 à 16 ; Représentation de systèmes paradigmatiques formalisés dans un dictionnaire structural, *Cahiers de lexicologie*, n° 5, 1964, pp. 3-15.

nentielle, dont Bernard Pottier a donné un exemple en montrant que six *sèmes* (« pour s'asseoir, sur pieds, pour une personne, avec dossier, etc. ») suffisent à couvrir l'ensemble des variétés de *sièges (pouf, tabouret, chaise, fauteuil, canapé)*. Ainsi le *sémème* de *chaise* est composé des sèmes « pour s'asseoir, pour une personne, sur pieds, avec dossier, sans bras ». Cette analyse est parallèle à celle de la phonologie, qui délimite les traits pertinents (ou *phèmes*) des *phonèmes* (1).

La structure de l'aire polysémique d'un mot, et celle des tables synonymiques auxquelles il appartient, sont donc en étroite dépendance mutuelle : pour reprendre un exemple déjà donné, *opération* prendra place pour telle de ses acceptions dans une table synonymique où figurent *calcul, compte, addition, multiplication*, etc., pour telle autre dans la même table qu'*intervention, anastomose, gastrectomie*, etc., pour telle autre enfin, dans le même réseau synonymique que *combat, affaire, bataille, escarmouche*, etc. Un signifiant donné s'intègre à autant de tables synonymiques différentes qu'il comporte de signifiés distincts dans son aire sémantique. Un signifié donné s'intègre à autant d'aires sémantiques différentes qu'il comporte de signifiants distincts dans sa table synonymique. Tandis que l'aire sémantique donne à un signifiant sa structure propre de signifiés multiples, la table synonymique donne à un signifié sa structure propre de signifiants multiples.

IV. — L'homonymie

On ne confondra pas la *polysémie* et l'*homonymie*, quoiqu'elles aient des points de ressemblance (2). Les homonymes sont des mots qui, ayant une même forme phonique *(homophonie)*, se différencient par leur sens. On peut opposer des homonymes

(1) Voir B. POTTIER, Vers une sémantique moderne, *Travaux de linguistique et de littérature*, II, I, Strasbourg, 1964, pp. 121-125.
(2) Voir Ch. MULLER, Polysémie et homonymie, *Études de linguistique appliquée*, n° 1, pp. 49-54 ; H. SCHOGT, *Sémantique synchronique : synonymie, homonymie, polysémie*, Univ. of Toronto Press, 1976.

partiels, qui, à la différence sémantique ajoutent une différence grammaticale (*sein* et *sain*, *vert* et *verre*, *chair* et *cher*, *bal* et *balle*), et des homonymes absolus, qui appartiennent à la même classe grammaticale (*sain* et *saint*, *chair* et *chaire*, *voix* et *voie*, etc.). L'homophonie peut s'accompagner de l'homographie (identité orthographique), qu'il s'agisse d'homonymes partiels (*aide*, fém., et *aide*, masc.; *pair*, adj., et *pair*, subst.; *mémoire*, fém., et *mémoire*, masc.) (1), ou d'homonymes absolus (*balle* — du grain, de l'anc. fr. *baller*, vanner, et *balle* — du fusil, de l'italien *palla*).

C'est pour ces derniers que se pose le problème des rapports entre polysémie et homonymie : lorsque deux acceptions d'un même mot sont éloignées l'une de l'autre au point qu'on ne perçoit plus le lien qui les réunissait primitivement, est-on en droit d'admettre que la polysémie originelle s'est rompue, et que le signifiant s'est dédoublé en deux signifiants homonymes ? *Balle*, dans balle de tennis et *balle* dans balle de fusil ont la même étymologie : faut-il voir là deux acceptions d'un même mot, ou deux mots homonymes ? On se fonde en général sur des critères sémantiques pour reconnaître si une aire polysémique est ou non disloquée : ainsi, les sens de *grève* (bord de l'eau) et *grève* (arrêt volontaire du travail) sont assez éloignés pour qu'on ait affaire à deux homonymes, malgré l'unité originelle du signe. Mais les cas d'incertitude demeurent nombreux. Un problème semblable, est celui que posent, à l'inverse, les *signifiants* remontant à des étymons distincts, et dont l'évolution de la langue a fait des homonymes absolus : exemples *botte* (coup d'épée, de l'ita-

(1) Ce dédoublement d'emploi grammatical est souvent appelé « dérivation impropre ».

lien *botta*) et *botte* (gerbe, du néerlandais *bote*),
port (postverbal de *porter*) et *port* (du latin *portus*).
Si dans ce cas le critère étymologique peut autoriser
à conserver le dédoublement des signifiants, sur le
plan synchronique on est ramené au problème
précédent. Là encore, un inventaire précis du jeu
des commutations « synonymiques » et du jeu des
combinaisons syntagmatiques permettrait d'établir
des critères plus précis que les critères sémantiques.

V. — Les champs sémantiques

Si tout mot, par sa forme s'intègre, comme nous
l'avons vu, à une famille morphologique, dont tous
les représentants ont en commun un même radical,
il s'intègre également, par le réseau de ses sens,
non seulement à diverses tables synonymiques,
mais également à des ensembles plus vastes qu'on
peut identifier comme ses *champs sémantiques*, lesquels du reste s'intègrent à leur tour à un champ
général qui englobe tous les sens du mot — en raison
même de leur lien profond de parenté. Les sens
divers du mot *opération* appartiennent ainsi, pour
l'un, au champ sémantique des mathématiques,
pour l'autre au champ sémantique de la médecine,
pour un troisième au champ sémantique de la
guerre. Mais ces trois champs s'intègrent au champ
plus vaste de la notion d'*acte* — acte mathématique,
acte médical, acte militaire.

Chaque champ sémantique se caractérise par la distribution des signes qui le composent. Chacun de ceux-ci, il faut
y insister, n'entre dans le champ considéré que pour une
partie de son aire sémantique (à moins qu'il ne s'agisse d'un
signe monosémique, tel que ceux des terminologies techniques
et scientifiques). Il se caractérise également par l'hétérogénéité morphologique et dénominative des mots qu'il rassemble : on peut y trouver divers représentants d'une même
famille morphologique, mais non pas nécessairement la totalité

de la famille (*opérer* entre dans le champ médical, mais à moindre degré dans le champ mathématique) et on y trouve des mots désignant les réalités les plus diverses (ainsi *tailleur*, *blue-jean*, *évasé*, *tunique*, *blousant*, *ballerine*, etc., dans le champ sémantique du costume contemporain), pourvu qu'ils aient, à l'époque considérée de la langue, un point de référence commun.

Le champ sémantique, comme la table synonymique, traverse donc tous les niveaux de la langue, et rassemble des mots du français standard, des français régionaux, des lexiques techniques, du français populaire, de l'argot. Les mots qui, dans un champ sémantique donné, se répartissent sur un niveau de langue donné, ou sur un registre affectif donné, composent ce qu'on peut appeler un champ stylistique, si l'on prend le mot stylistique dans l'acception que lui donne Bally (1) : par exemple, pour le costume, au niveau du lexique vulgaire, les *pompes*, les *grolles*, le *fendard*, le *falzar*, etc.

Cette systématique du vocabulaire, constituée du point de vue sémantique sur toute l'étendue de l'idiome collectif, peut trouver son application dans l'étude du vocabulaire de l'œuvre littéraire. Celui-ci se caractérise par l'étendue et la distribution originales de ses signifiants, mais aussi par la distribution originale des emplois de ces signifiants — notamment par l'augmentation des possibilités de substitution « synonymique » par rapport à la langue « normale », des associations de mots inhabituelles, des superpositions de niveaux et de registres (2).

(1) Etude des variantes affectives et socio-culturelles de la langue. Voir Ch. BALLY, *Traité de stylistique française*, 3ᵉ éd., 1951.
(2) Voir, pour quelques exemples d'études de « champs » : H. MESCHONNIC, Essai sur le champ lexical du mot « idée », *Cahiers de lexicologie*, nᵒ 5, 1964, pp. 57-68. Pour les problèmes généraux de la sémantique structurale : A. J. GREIMAS, *Sémantique structurale*, Paris, Larousse, 1966 ; E. COSERIU, Pour une sémantique diachronique structurale, *Trav. de ling. et de littér.*, Strasbourg, t. II, 1964, pp. 139-186 ; K. BALDINGER, Sémasiologie et onomasiologie, *Revue de linguistique romane*, 1964, pp. 249-272 ; K. HEGER, Les bases méthodologiques de l'onomasiologie, *Trav. de ling. et de littér.*, Strasbourg, III, 1965, pp. 7-32 ; J. J. KATZ et J. A. FODOR, Structure d'une théorie sémantique, *Cahiers de lexicologie*, nᵒ 9, 1966, pp. 39-72, et 10, 1967, pp. 47-66 ; Georges MOUNIN, *Clefs pour la sémantique*, Paris, Seghers, 1972 ; J. PICOCHE, *Les structures sémantiques du vocabulaire français*, Nathan, 1986. Sur l'application à la littérature, voir *Littérature*, nᵒ 4, « Sémantique de l'œuvre littéraire », Paris, Larousse, 1971.

CHAPITRE VI

LE MOUVEMENT SÉMANTIQUE
DANS LE VOCABULAIRE FRANÇAIS

A toutes les époques du français, des mots existants ont changé de sens, d'autres ont perdu de leurs sens, ou en ont acquis de supplémentaires. Cela ne s'est pas fait sans liaison avec l'apparition de formes nouvelles, ou la disparition de formes existantes. Un état donné du français est un équilibre entre des tendances contradictoires, tant sur le plan des signifiés que sur celui des signifiants.

I. — Les changements de sens

Il faut faire une distinction entre les changements irréversibles et les variations sémantiques occasionnelles. Mais dans les deux cas, le processus sémantique se prête à divers types d'interprétation : les plus répandues sont encore les interprétations logiques et psychologiques, héritées de l'ancienne rhétorique des tropes (ou figures de style), et qu'on trouve systématisées dans l'ouvrage célèbre de Darmesteter, *La vie des mots étudiée dans leurs significations* (1re éd. en 1886).

Darmesteter classe les changements de sens en *restrictions* de sens (spécialisation de sens généraux, du genre à l'espèce : un *bâtiment* pour un *navire* ; du tout à la partie : un *tableau*, pour le sujet représenté sur la toile ; du nom commun au nom propre, l'*Empereur*, pour Napoléon Ier ; de la qualité à la substance : *le bouclier*) ; en *extensions de sens* : *panier*, *arriver* — autrefois atteindre la rive — *fruit*, un *tartuffe*) ; en *rapports de contiguïté constante* (cause et effet : *un engin*.

un beau travail ; signe et chose signifiée : *le trône et l'autel* ;
contenant et contenu : *une tasse de lait* ; lieu et produit :
camembert, champagne, cognac ; abstrait et concret : des *poli-
tesses*, les *honneurs* ; substance-qualité, substance-acte — autrement dit la « dérivation impropre » : *l'utile et l'agréable*, un
sourire) ; en *rapports de ressemblance* (concret-concret : *bec-
de-lièvre*, une *scie*, pour une rengaine ; une *mouche*, pour un
espion ; concret-abstrait : la *branche* pour telle partie d'une
industrie ; abstrait-abstrait : *appétit, inclination*).

Ces changements sémantiques mettent en œuvre deux
mécanismes complémentaires : le *rayonnement de sens*, qui
fait « rayonner » un nom d'un objet à d'autres, grâce à un
même caractère commun à tous (*racine, dent, tête*, etc., dans
leurs multiples emplois) ; et l'*enchaînement* de sens, dans
lequel « un mot oublie son sens primitif en passant au deuxième
objet » et ainsi de suite (*bureau*, étoffe de bure, puis table
recouverte de cette étoffe, puis tout meuble de travail d'écriture, puis la pièce où se trouve ce meuble, puis ensemble des
gens qui y travaillent, etc. ; *roman*, langue vulgaire, puis
composition en langue vulgaire, puis texte narratif, puis narration en prose, puis narration imaginaire d'aventures et
d'amour, puis récit imaginaire en prose).

Dans la classification des figures rhétoriques, la restriction de sens et l'extension de sens définissaient la *synecdoque*,
le rapport de contiguïté la *métonymie*, le rapport de ressemblance la *métaphore*. Quant à la *catachrèse*, ce n'était pas une
figure particulière, mais plus généralement l'oubli d'une signification première pour la seule considération d'une signification seconde, autrement dit « la loi même qui dirige tous les
changements de sens..., une des forces vives du langage ».

Ces mécanismes logiques sont pour Darmesteter
et ses continuateurs — avoués ou non — les *modes*
des changements de sens (1). Quant à leurs *causes*,
ils les cherchent à la fois dans l'histoire objective
du peuple, et dans la psychologie populaire. L'histoire des institutions politiques, de la pensée reli-
gieuse, des mœurs, des techniques, et plus généralement des faits de civilisation, se reflète dans l'évolution de l'idiome : l'histoire des sens de *vassal*, de

(1) Voir K. Svoboda, Sur la classification des changements sémantiques, *Le français moderne*, octobre 1960, pp. 249-258.

valet, de *bourgeois*, de *ministre*, suit un mouvement parallèle à celui des structures sociales. Les inventeurs lèguent leur nom à leur invention *(chassepot, guillotine)*, les villes aux objets qui y sont fabriqués. Les sports, la guerre, les jeux, prêtent à la langue générale certains des vocables qui les caractérisaient en propre : *être aux abois, aller sur les brisées, la curée, prendre dans ses filets*, etc., sont sortis du vocabulaire de la chasse. Les tendances de « l'esprit populaire », tantôt dégradent la valeur des mots *(garce*, féminin de *gars*, signifiait autrefois « jeune fille » ; voir aussi l'évolution de *fille*, de *pucelle*, de *vilain*, de *rustre*, de *soudard*, d'*imbécile)*, tantôt dénomment des êtres humains par des noms d'animaux ou inversement, par qualification plaisante, tantôt, plus rarement, « réhabilitent » des mots originellement grossiers ou bas (un bon *bougre*, avoir du *chien*). Tandis que l'*hyperbole* répond au souci d'exprimer un sentiment intense ou de produire une impression très vive sur l'auditeur, et a pour effet d'affaiblir la valeur des termes trop souvent utilisés à cette fin *(formidable, renversant, assommant, ravi)*, la *litote*, l'*euphémisme*, l'*ellipse*, l'*antiphrase*, au contraire, traduisent le souci d'atténuer la signification directe de l'énoncé, et d'éviter l'évocation d'une réalité grossière ou effrayante : elles ont pour effet de renforcer la valeur dénominative et expressive de mots et de tournures primitivement à demi-impropres ou figurés (qu'on pense aux substituts du verbe *mourir*, des jurons, etc.).

Les phénomènes logiques et psychologiques sur lesquels s'appuient ces explications sont réels, mais ils ne suffisent pas à rendre compte des transferts sémantiques, ni des créations ou des emprunts de formes nouvelles, qui modifient peu à peu le lexique. Ils n'atteignent pas « les réalités concrètes que représente le mot » (J. Vendryès, *Le langage*, p. 229).

Ces réalités concrètes, que Darmesteter, soulignons-le, n'avait pas complètement négligées, puisqu'il avait consacré un chapitre aux changements *historiques*, la lexicologie moderne, s'inspirant à la fois des données de la sociologie et des méthodes structuralistes, les cherche avant tout dans le déterminisme des faits sociaux sur le langage, et dans l'interaction des mots au sein de leur système idiomatique (1).

Antoine Meillet, influencé par Durkheim, a montré que les mots changent de sens en même temps que les choses qu'ils continuent à désigner changent de nature, de forme, ou d'usage : et il en va du lexique des relations humaines comme de celui des objets matériels. *Monter dans sa voiture* ne signifie plus s'asseoir sur le siège de son cabriolet et saisir les rênes du cheval, mais s'installer au volant et se préparer à tourner la clé de contact.

Meillet a insisté également sur les incidences linguistiques des cloisonnements sociaux : « Ni l'état d'esprit, ni la direction de l'activité ne sont les mêmes chez le poète, le soldat, l'homme politique, l'agriculteur. Bien qu'ils aient hérité de la même langue, les mots se colorent chez eux d'une nuance distincte, laquelle s'y fixe et finit par y adhérer (2). » Le mot *guerre* ne prendra évidemment pas les mêmes résonances en chacun de ces types d'hommes. Mais cette différence dans les réactions subjectives ne se transforme pas toujours — il

(1) Voir par exemple K. J. Hollyman : *Le développement du vocabulaire féodal en France pendant le haut Moyen Age*, Droz-Minard, 1957, p. 6 ; P. J. Wexler, *La formation du vocabulaire des chemins de fer*, 1955, p. 9 ; Jean Dubois, *Le vocabulaire politique et social en France, de 1869 à 1872*, Larousse, 1963.
(2) A. Meillet, *Linguistique historique et linguistique générale*, pp. 285 et sq. Consulter également Chr. Baylon, *La Sociolinguistique*, Nathan, 1991.

s'en faut de beaucoup — en une différence d'acceptions qui modifierait la répartition des combinaisons du mot dans l'énoncé : *déclarer la guerre, une guerre ruineuse*, etc., demeurent des expressions communes au paysan et au soldat. Le sens général du mot n'est pas affecté par ces variations socio-affectives, moins importantes que les traits sémantiques qui demeurent communs. Au cours du conflit entre la France et l'Algérie, un mot comme *rebelle* s'entourait d'une aura romantique sous la plume des partisans de l'indépendance algérienne, ou au contraire se chargeait de mépris et de haine sous la plume des partisans de « l'Algérie française » : l'effet dépendait de l'entourage contextuel. Mais le sens fondamental du mot demeurait le même pour tous : *qui s'insurge contre une autorité établie*. Lorsque les réactions affectives l'emportent sur l'impartialité, on peut voir apparaître d'autres mots, que leur sens premier rendait propres à l'expression de la défaveur ou de la sympathie : *rebelles*, *terroristes*, *séparatistes*, ou au contraire, *combattants*, *résistants, patriotes* (1). Certains mots peuvent plonger subitement dans l'enfer des emplois péjoratifs ou répulsifs : ainsi *communiste*, depuis les événements de 1990-1991 en Europe de l'Est.

Les sémanticiens contemporains cherchent à s'éloigner des affirmations préconçues, et à explorer avec minutie l'écheveau complexe des relations qui unissent le mouvement des mots au mouvement social. Ils cherchent d'autre part à saisir la totalité des liaisons intralinguistiques desquelles

(1) Sur les implications sociales et politiques du vocabulaire, voir *Langue française*, n° 9, « Linguistique et société », févr. 1971 ; J. B. MARCELLESI, *Le Congrès de Tours, études sociolinguistiques*, Paris, éd. du Pavillon, 1971 ; et *Struktur und Funktion des Sozialen Wortschatzes in der Französischen Literatur*, M. Luther Universität, Halle, R.D.A., n°ˢ 3-4, 1970 ; J. B. MARCELLESI, B. GARDIN, *Introduction à la socio-linguistique*, Larousse, 1974.

dépend le sort d'un mot : classe grammaticale, famille morphologique, collocations, table de synonymie, aire polysémique, champ sémantique, champ stylistique. Encore faut-il s'entendre sur les limites du champ, et aussi ne pas confondre le champ du signifié et le champ du signifiant. Si le premier ne nous est connu que par le second, l'un et l'autre s'ordonnent selon une structure et des lois différentes (1).

II. — La formation d'un champ lexical

Dans son ouvrage sur la *Formation du vocabulaire des chemins de fer en France*, M. Wexler a fait une expérience-modèle. Il s'agissait d'étudier comment s'était constituée, sur une durée d'une soixantaine d'années, entre 1778 et 1842, la terminologie d'une technique nouvelle du transport des gens et des marchandises : le *chemin de fer. Locomotive, tunnel, wagon, tender, station, gare, ballast, voie, rail, train, viaduc* sont pour nous des termes familiers (quoique *locomotive* et *tender* se démodent depuis le développement de la traction électrique). On pourrait expliquer leur usage par un jeu relativement simple d'extensions de sens (*voie, station, chemin* de fer), et d'emprunts à l'anglais *(tunnel, wagon, tender).* M. Wexler montre que dans la réalité une longue phase de « description » a précédé la phase de « dénomination proprement dite ». Pendant cette période « prémécanique », les techniciens et les journalistes, embarrassés, désignaient les activités ferroviaires, leurs installations et leurs instruments, par les emprunts les plus divers à la terminologie des transports routiers et fluviaux (*char, berline, diligence, fourgon, omnibus, rouage, tombereau, tilbury ; canal sec, embarcadère, port sec, gare, remorqueur,* etc.), des industries (*galerie, coulisse, madrier, barre, bande, chaudière, chauffeur, mécanicien,* etc.), ainsi que par toutes sortes de périphrases (*chemins à ornières, barres de métal, chariot à vapeur, cheval de fer, chariot de remorque, machine ambulante, route ferrée, route en fer, route-ornière, passage souterrain, espèce de digues, machine de halage,* etc.). Le tout créait une dispersion synonymique

(1) Voir *Langue française*, n° 4, « La sémantique », décembre 1969.

considérable qu'augmentaient les créations néologiques inspirées des recomposés classiques, types *automoteur* ou *locomobile.*

Les premiers essais de transport ferroviaire, apparus en France au XVIIIᵉ siècle, firent appel aux seules ressources lexicales du français : si l'invention nouvelle avait triomphé à cette époque, notre lexique des chemins de fer serait dans sa quasi-totalité d'hérédité française : l'emploi de *digue* pour *viaduc*, de *haleuse* pour *locomotive*, de *souterrain* pour *tunnel*, nous paraîtrait des plus naturels. Il se trouva que ces premiers essais furent sans lendemain et qu'il fallut attendre encore près d'un demi-siècle pour que, sous l'influence de l'exemple anglais, les chemins de fer fussent réintroduits en France, avec succès cette fois. Mais du même coup, les ingénieurs français allaient constamment se tourner vers l'Angleterre pour les besoins de leur documentation. « Le résultat linguistique en fut l'introduction massive et répétée de mots anglais ». Ce sont ces mots qui triomphèrent à la période « industrielle ». Ils s'imposèrent d'autant plus aisément que leur structure morphologique les rapprochait davantage de la morphologie française, ou que leur concurrence française était plus hétérogène : l'anglais *locomotive*, qui rencontrait le français *locomoteur-locomotrice* (employé dans le lexique de la physiologie : les muscles *locomoteurs*), fournissait à ce couple un suffixe féminin de substitution dont on trouvait de nombreux exemples français *(-tif, -tive)*, et de fait, *locomotive* fut d'abord emprunté comme adjectif *(machine locomotive)* avant de supplanter, comme substantif, sa nombreuse et lourde concurrence périphrastique. Au contraire, l'anglais *train* n'a jamais totalement éliminé le français *convoi*, qui, dès le début (en dépit de la concurrence momentanée de *caravane*), avait été le terme le plus fréquent sous la plume des ingénieurs, tandis que le français *train* s'était depuis longtemps spécialisé pour désigner la suspension d'un carrosse.

On voit par cet exemple que si les corrélations intralinguistiques et extra-linguistiques d'un champ lexical donné nous apparaissent fort complexes sur le plan de la synchronie, cette complexité n'est rien à côté de celle qui caractérise l'histoire de ce champ. Les éléments apparus dans des conditions sociologiques et historiques déterminées ont dû pour s'imposer *dans la langue* éliminer une multitude d'éphémères formations *de parole*, et subir un long travail d'adaptation formelle et sémantique aux structures existantes.

III. — L'ampleur
du mouvement sémantique contemporain

Les progrès des sciences anciennes, l'apparition de sciences nouvelles, le développement des techniques (civiles et militaires) ont entraîné non seulement la formation de terminologies nouvelles comportant chacune des modes particuliers de néologie, mais aussi une accélération des processus d'apparition, de changement ou de perte de sens dans les mots anciens.

Tantôt des mots qui furent autrefois d'un large usage technique ont vu leur emploi diminuer, sinon disparaître, en même temps que celui de l'objet ou de l'acte qu'ils désignaient. Cette chute de fréquence s'est accompagnée d'une modification de leur valeur. La médecine d'autrefois tenait la *purgation* pour un remède universel, de même que la *saignée*. L'une et l'autre sont devenues aujourd'hui des pratiques assez rares. *Purge* et *saignée* ont perdu leur spécialisation médicale : l'un demeure d'emploi fréquent avec une valeur figurée, dans le langage politique ; l'autre sert pour évoquer les massacres de la guerre. Si d'aventure ils réapparaissent dans un contexte médical, ce n'est pas sans nuance de dérision. Leurs corrélations polysémiques et synonymiques sont en fait bouleversées ; ils ont glissé d'un champ sémantique à un autre.

Ainsi ont « vieilli » quantité de termes, dont le statut primitif n'a pas résisté aux ondes de choc créées par le surgissement des terminologies nouvelles. L'inventaire n'en est pas fait, mais on peut penser à *fléau, moulin, javelle, glaner*, dans le lexique agricole ; à *brigand, forçat, bagne*, dans le langage judiciaire ; à *libéral, indépendant, radical, démocrate,* dans le lexique politique ; à *bonnet, casaque, caleçon, culotte,* dans celui de l'habillement ; à *poêle, bûche, attiser, braises,* etc., dans celui de la vie ménagère ; à *manufacture, fabrique,* dans le langage de l'industrie, etc. Le vieillissement du sens peut aller jusqu'à la disparition du sens et même jusqu'à la disparition du mot, qui cesse d'être utilisé et parfois même compris, et devient un *archaïsme* : ainsi, les éditions annuelles du *Petit Larousse* suppriment des dizaines de sens anciens de mots conservés et font disparaître beaucoup de mots devenus inusités. En revanche, le dictionnaire accueille quantité de mots et de sens nouveaux. Entre 1922 et 1976, les mots nouveaux enregistrés par le *Petit Larousse* représentent 25 % de l'ensemble, pour une perte d'environ 10 % (1).

Tantôt, les activités modernes ont ajouté de nouveaux sens aux premiers. Il en est ainsi notamment lorsqu'une technique emprunte une partie de son matériel lexical à une autre : *baliser* est passé de la marine à la route et à l'aviation ; *déterger,* qui appartenait autrefois au vocabulaire médical, est passé dans le lexique des produits d'entretien.

Tantôt, c'est le vocabulaire des nouvelles techniques qui a reçu partiellement des emplois communs : de nombreux termes, primitivement d'usage restreint et fortement spécialisé, pénètrent dans la langue générale, et l'accroissement de leur fréquence, en même temps qu'il altère leur valeur technique, s'accompagne de modifications corrélatives, non seulement de leur propre champ de combinaisons, mais aussi de la composition du lexique général. Tout « technicien » est à notre époque un usager des autres techniques. Et chaque usager de la langue a une « teinture » des techniques les plus avancées, telles que l'automobile, l'avion, l'astronautique, le cinéma, et même la médecine et la

(1) Voir *Le mouvement du vocabulaire français de 1949 à 1960,* art. cité ci-dessus, p. 43 ; J. CELLARD, *Je sème à tout vent, Le Monde,* 5 octobre 1975.

chirurgie. Les effets linguistiques de cette mutation ont été amplifiés dans des proportions difficiles à estimer par la multiplication et la généralisation des moyens d'enseignement, d'information et de publicité. Rien d'étonnant à ce que le lexique fondamental du français contemporain soit bariolé de technicité. On n'est pas surpris de rencontrer parmi les 1 000 mots les plus fréquents relevés par les auteurs du *Français élémentaire* des mots comme *cinéma, micro, enregistrer, téléphoner, radio, avion, téléphone, moteur, speaker, gaz, électrique,* etc.

Certains mots techniques acquièrent ainsi les mêmes aptitudes que les mots du vocabulaire courant à servir d'éléments expressifs. Le caractère nouveau ou spectaculaire d'une technique incite les journalistes à flatter la curiosité du public par l'emploi de son vocabulaire, qu'ils rendent accessible en l'associant à des mots qui évoquent un univers plus familier : ces mots, pour l'essentiel compris, mais qui gardent quelque chose de leur mystère premier, deviennent la source d'images inédites et vigoureuses, et, par un transfert d'emploi, se prêtent à rajeunir la description des réalités communes. On connaît la fortune de l'adjectif *atomique*, dont l'emploi s'est étendu d'un côté jusqu'à en faire un mot passe-partout désignant tout ce qui a un rapport quelconque avec l'énergie atomique (*bâtiments, club, danger, drame, folie, menace, mort, moteur, propulsion, secret, experts, stratèges, trêve,* etc.) et de l'autre jusqu'à lui faire évoquer les deux notions contradictoires de l'infiniment puissant ou de l'infiniment petit — à tel point que dans des contextes de caractère proprement technique ou scientifique, il est désormais souvent remplacé par l'adjectif *nucléaire,* moins dévalorisé. Qu'on pense également à la valeur figurée de *téléguider, débrayer, relance,* etc.

Inversement, la nécessité de faire comprendre aux profanes des phénomènes dont on ne pourrait rendre compte exactement qu'en utilisant une terminologie hermétique, sinon des formules mathématiques totalement étrangères au grand public, conduit les vulgarisateurs à soutenir leurs exposés de comparaisons et de métaphores empruntées aux aspects du concret qui frappent directement l'imagination des hommes. Ce n'est pas un hasard si le lexique de l'atome, hors des revues scientifiques, est littéralement matelassé de termes qui servent d'ordinaire à la représentation des grandes catastrophes : *cataclysme*, *apocalyptique*, *conflagration*, *dantesque*, *drame*, *formidable*, *incendie*, *destructif*, *folie*, *monstrueux*, *ravages*, *terrible*, *massacres*, etc.

Enfin, les lexiques des techniques qui sont au contact direct d'un large public (mode, sports, spectacles), s'enrichissent d'emprunts à la langue commune. Nous ne pensons pas seulement à la spécialisation de termes génériques comme *engin* (qui désigne les projectiles automoteurs, tels que les *missiles* et les *fusées*, par opposition aux projectiles inertes, tels que les *obus*), mais aussi à l'agglomération des termes les plus hétérogènes dans les lexiques spécialisés. Dans le lexique de la mode, des noms d'animaux, de minéraux, de produits alimentaires, deviennent des qualificatifs de couleur : *abricot*, *aubergine*, *azalée*, *buis*, *chataigne*, *tabac*, *alouette*, *canard (bleu canard)*, *glacier (bleu glacier)*, *bronze (vert bronze)*, *rouille*, *sable*, *terre*, *miel*, *moka*, etc. De manière générale, c'est à l'infini que se diversifie le lexique des couleurs et des formes sous la plume des chroniqueurs de mode. Dans son ouvrage sur *L'espace humain*, M. Matoré a montré la fortune du lexique spatial — lignes, surfaces, volumes, dimensions, mouvements — dans le langage des philosophes, des hommes politiques, des écrivains et des journalistes. Le lexique politique fait un large usage des mots *ligne*, *mouvement*, *axe*, *centre*, *noyauter*, *voie*, etc. Le langage des économistes se sert abondamment de termes comme *plan*, *plafond*, *dépassement*, *éventail*, ou *perspective* (*prix-plafond*, *secteur marginal*, *éventail des salaires*, etc.). Dans un domaine tout autre, on voit le lexique du jazz et du rock, dont une partie est constituée d'emprunts à l'anglais, employer dans un sens spécialisé des mots français d'usage général, ou encore des mots qu'il emprunte au lexique semi-spécialisé de la rhétorique ou du théâtre. Les critiques se servent couramment, pour caractériser le jeu des musiciens, de mots et de tournures comme *phrase*, *inspiration*, *improvisation*, *langage*, *dialogue*, *discours musical*, *liberté d'expression*, *style*, etc., auxquels s'associent des épithètes en apparence fort éloignées de toute technicité, comme : *ample*, *serein*, *lumineux*, *ensoleillé*, *agressif*, *audacieux*, *bouillant*, *chaleureux*, *fascinant*, *dompté*, *fougueux*, *tranchant*, etc. Décrivant l'enivrement des musiciens, le journaliste s'enivre lui-même de mots ; mais les mots ne sortent pas tout à fait indemnes des distorsions sémantiques auxquelles ils sont ainsi contraints...

Ces échanges sémantiques se produisent également de langue à langue, et de niveau de langue à niveau de langue. Dans le premier cas, il s'agit du *calque*, qui unit à une forme française une valeur sémantique empruntée à la forme étrangère correspondante. L'accroissement des échanges internationaux, l'accroissement parallèle des traductions, et l'accélération du travail des traducteurs — sans parler des commodités que devra accepter la traduction automatique — ont entraîné une prolifération de ce phénomène en français contemporain. On peut relever l'exemple de *cellule*, de *bureau politique*, de *collectif*, de *populaire*, de *plan*, qui ont pris un sens particulier dans le lexique politique moderne, à l'imitation du russe. La spécialisation de *engin* dans le lexique militaire semble un américanisme. *Surhomme* traduit l'allemand *Übermensch*, et *gratte-ciel* l'américain *sky-scraper*. Plus insidieux, et condamnés par les puristes, sont les glissements d'emploi de *sévère*, *agrément*, *approche*, *suspens*, *coopératif*, *publicitaire* (au sens de *grave*, *accord*, *étude*, *attente*, *disposé à un accord*, *agent de publicité*), etc., qui se répandent actuellement sur le modèle des mots anglais correspondants. Plus clairs, et recommandés par les commissions ministérielles de terminologie, sont les néologismes de traduction autochtone comme *ordinateur* pour *computer*, ou *logiciel* pour *software*.

Entre les différents niveaux de langue du français, les échanges se sont accrus depuis quelques années, en liaison directe avec les progrès des moyens d'enregistrement de la parole. L'emploi du magnétophone permet de faire entendre, à la radio, à la télévision et au cinéma, et de publier dans la presse écrite — plus librement et plus longuement que dans la presse parlée — des conversations enregistrées au naturel. Les transcriptions en style parlé se multiplient dans les quotidiens et les hebdomadaires, et le vocabulaire des dialogues déteint souvent — avec ou sans guillemets — sur celui de leur présentation ou de leur commentaire (1). Le lexique « vulgaire » se mêle ainsi au lexique « soutenu » : il y gagne une extension nouvelle, mais, cessant d'être absolument typique d'un milieu, d'un individu et d'une situation « langagière » déterminée, il y perd une part de son expressivité naturelle. La distribution sémantique et stylistique des formes jusque-là exclues du français écrit, et celle des formes jusque-là exclusives dans l'usage soutenu, s'en trouvent peu à peu modifiées, et le temps n'est pas éloigné où des mots aussi grossiers que *merdier* ou

(1) Voir aussi, dans le domaine des « Variétés », les monologues de Fernand Raynaud, de Raymond Devos ou de Coluche, les chansons de Renaud ou le style de journaux comme *Charlie-Hebdo*.

emmerdeur — pour ne prendre qu'un exemple — fonctionne-ront dans le lexique normal comme simples synonymes de *désordre* et d'*insupportable* — si l'on en juge par ces deux courts extraits de *L'Express*, où ils coexistent, sans guille-mets, avec des mots et des constructions d'une tournure raffinée : « En Algérie, j'ai vu les hommes en place, animés du désir de bien faire, quelquefois dépassés (qui ne le serait ?) par la tâche qui les attendait dans l'immense merdier qu'on leur avait laissé » (Louis Fournier) ;« D'Andromaque, Mme Ca-therine Sellers, le visage creusé, petite, noiraude, brûlante, néglige l'aspect de femme pour être veuve, tellement veuve, terriblement veuve, avec ce je ne sais quoi d'emmerderesse, comme disait Valéry, des veuves obstinées » (R. Kanters).

Cette osmose du parlé et de l'écrit trouve un adjuvant dans les libertés du langage estudiantin, ainsi que dans les théo-ries et les œuvres de certains écrivains contemporains, qui, reprenant de fort anciennes revendications, mais avec plus de chances d'être compris du public et d'être suivis de leurs confrères, réclament une adaptation du style romanesque à la langue parlée : « Qu'est-ce que je cherche ? écrit Robert Pinget. Que cherchent les autres ? Traduire dans la langue de notre époque les problèmes de notre époque. L'expression de notre temps a déjà son audience... On voudrait que l'on écrive aujourd'hui comme écrivait Chateaubriand, de belles phrases, de belles formules, une fausse écriture essayant d'imiter un langage qui est mort. Si la langue écrite ne se renouvelle pas, avant cent ans le français sera une langue morte. Nous sommes des fous révolutionnaires parce que nous essayons d'introduire dans l'écriture des expressions modernes, la langue que parlent les gens dans les bistrots, dans les usines. Quand les gens sont tête à tête, ce qu'ils se disent, si ce n'est pas brillant, porte plus de vérité sur ce qu'est la vie que la langue littéraire avec ses expressions stériles... La pensée d'un homme est dans son langage. Nous sommes tous plongés dans l'angoisse et il faudrait que nous l'exprimions de la façon qui la cerne le plus. Ce que personnellement je cherche, c'est traduire dans l'écriture le ton de la langue. C'est le ton qui fait la qualité d'un langage (1). »

Enfin, il n'est pas jusqu'aux mots les plus anciens, les plus usuels, les plus « patinés » de notre vocabu-

_____

(1) *Le Figaro littéraire*, 29 septembre 1962. Voir, du même auteur, *Clope-au-dossier*.

laire quotidien, qui ne soient atteints eux aussi par ces remous. Sous un signifiant qui est demeuré stable, le signifié s'est transformé sans même que les usagers y prennent garde. Si les formes demeurent, leurs *collocations* ont changé. L'électricité n'a pas seulement transformé les conditions de notre vie matérielle : elle a bouleversé également notre langage... Depuis la généralisation de l'éclairage électrique et de la radio, *allumer la lampe* ne signifie plus guère approcher une flamme d'une bougie, d'une chandelle, ou d'un quinquet à huile (on a encore : *allumer une cigarette, sa pipe*), mais appuyer sur l'interrupteur électrique ; quant à *allumer le poste*, cela signifiait jusque vers 1960 mettre en marche le poste de radio (1) : cela ne se dit plus. Un *poste*, dans la langue quotidienne, c'était d'abord un appareil de radio ou de télévision : le sens local du mot s'était effacé. Et l'on dit même : *ouvrir la radio, la télé*, expressions dans lesquelles *ouvrir*, comme *allumer*, a pris la valeur abstraite de mettre en marche. A notre époque d' « omni-motorisation », *ça roule, ça gaze*, concurrencent *ça va*. Dans l'exiguïté des appartements modernes, le mot *salle* (salle de séjour, salle d'eau) donne l'illusion de l'espace, et retrouve ainsi une part de son emploi ancien. On pourrait multiplier les exemples. *Faire*, et avec lui *mettre, prendre, avoir, passer*, etc., ont doublé ou triplé, en cinquante ans, le nombre de leurs collocations usuelles. Tandis que Littré compte 82 emplois différents de *faire*, le *Dictionnaire* de Paul Robert en énumère 277. Cela ne va pas sans une réduction correspondante du nombre des termes à sens précis.

(1) Voir Jean Dubois : L'évolution du lexique dans le français contemporain, *Le Français dans le Monde*, janvier 1962.

H. MITTERAND

IV. — Le « néo-français »

On peut donc admettre que le français qui se parle et s'écrit à la fin du xxᵉ siècle, se différencie non seulement de l' « ancien français » médiéval, du « moyen-français » des xvᵉ-xvıᵉ siècles, et du « français classique » des xvııᵉ-xvıııᵉ siècles, mais aussi du « français moderne » des années 1800-1920. On a proposé pour le désigner le terme expressif de « néo-français » (1).

Comme toutes les étapes antérieures, le néo-français, si néo-français il y a, doit s'entendre de variétés très diverses de l'idiome, et de l'évolution conjointe des formes et des sens. Plus exactement la proportion de ses « néologismes » varie selon les domaines et les niveaux d'observation. Et si pour la clarté de l'exposé nous avons jusqu'ici décrit séparément les structures formelles et les structures sémantiques, il va de soi qu'une vue d'ensemble du lexique contemporain doit les réunir, conformément à la dialectique réelle du fonctionnement et du mouvement des mots.

Si l'on distingue traditionnellement des néologismes de forme (en voici quelques-uns que relève Pierre Gilbert dans son *Dictionnaire des mots contemporains*, en 1981 : *astroport, bibliocar, bloc-fumeur, bouchonner, déshabilloir, diathèque, écolo, environnementaliste, lunaute, mazouté, obésiologue*, etc.) et des néologismes de sens (changement de classe grammaticale, ou acception nouvelle d'un signifiant ancien), ces derniers n'apparaissent tels que par un changement de leurs *collocations formelles*. Tout néologisme est donc morpho-sémantique (2) : ou bien il accroît le nombre des unités du système (*logiciel* s'ajoute à la longue série des adjectifs en *-el*), ou bien il accroît le nombre des combinaisons possibles dans l'énoncé (type, dans

(1) Voir Jean Dubois, Le néo-français, réalité ou illusion, *La Pensée*, mars-avril 1961, pp. 52-67. On dit aussi « français dans le vent », « français branché ».
(2) Voir Pierre Guiraud, Les champs morpho-sémantiques, *Bulletin de la Société de Linguistique*, 1956, 1960 et 1961.

le langage de l'automobiliste : mes bougies sont *grillées*). On opposerait sans doute plus justement — en référence au seul jeu des signifiants — les néologismes paradigmatiques (unité signifiante nouvelle) et les néologismes syntagmatiques (collocation nouvelle d'une unité ancienne).

Cela posé, il apparaît que certains domaines du lexique contemporain sont plus abondamment néologiques que d'autres. A la spécialisation grandissante des activités professionnelles, et à la précision croissante des méthodes de travail, correspond dans chaque métier la constitution d'un « micro-glossaire », spécialisé et systématisé, qui a ses propres lois de construction des signifiants et de répartition des signifiés. Ces lexiques scientifiques deviennent de plus en plus hermétiques aux profanes, et de plus en plus étrangers les uns aux autres, malgré la conservation d'un noyau lexical indivis (lui-même en marge du lexique quotidien).

Les effets de cette néologie, qui n'est pas une mode passagère, mais la conséquence linguistique durable d'un fait de civilisation qui n'épargne aucune des grandes langues, sont rendus encore plus sensibles par la disparition, parallèle, de mots anciens poussés au néant par la disparition des métiers d'autrefois, ou la transformation de leurs instruments et de leurs méthodes. Le machinisme a fait mourir de consomption, au moins en milieu urbain, les terminologies artisanales. Ce phénomène est enregistré par les dictionnaires d'usage, qui suppriment impitoyablement les termes et les acceptions que sont seuls à connaître, désormais, les vieux artisans du bois, du fer, ou de la toile. Quel dictionnaire enregistre encore le sens que prenait le mot *cuiller*, dans le vocabulaire des sabotiers morvandiaux (ustensile servant à creuser le sabot, et qui se manœuvrait à la fois du bras et de la main) ? Il existe des milliers de mots de ce genre, qui constituaient en 1900 le français vivant et qui ont aujourd'hui disparu de l'usage.

Ce mouvement « centrifuge » des glossaires socio-professionnels est compensé par l'uniformisation progressive du français standard. L'usage des dialectes et des patois s'est considérablement restreint, jusque dans les régions les plus éloignées de Paris, au profit du français de Paris, véhiculé et imposé par l'école, l'administration, les commerçants, les touristes, les déplacements individuels ou collectifs, les migrations intérieures, la presse (sauf exceptions : en Alsace, plusieurs quotidiens paraissent en allemand), les catalogues, les almanachs, le roman, le cinéma, la radio et la télévision. Non que le patois ne soit plus jamais utilisé : il demeure même plus vivant qu'on ne saurait le croire, comme langue naturelle aux agriculteurs, lorsqu'ils conversent entre eux des travaux de la terre. Mais la plupart des patoisants sont désormais *bilingues*, parlent, lisent et écrivent le français de la même manière que les citadins monolingues. Si un même type de charrette peut recevoir des noms divers d'un bout à l'autre de la France, le four à micro-ondes, le congélateur ou la machine à laver ne trouvent nulle dénomination patoise et l'extension de leur usage répand une forme unique sur toute l'étendue du territoire.

L'unification et la centralisation achevées du pays, si elles ont donc supprimé les cloisonnements géographiques du lexique, ont également beaucoup atténué ses cloisonnements sociaux. Les distinctions de costume, entre l'ouvrier et le patron, entre le paysan et le citadin, entre l'employé de commerce et le fonctionnaire — encore très sensibles vers 1840, dans les illustrations des *Physiologies* — n'ont pas cessé depuis lors de s'estomper. C'est aujourd'hui la qualité de l'étoffe, et l'élégance de la coupe, qui distinguent le complet-veston du travailleur immigré et celui du financier... Il en est de même pour le langage. Tandis que l'instruction primaire et secondaire unifie de bonne heure le lexique des enfants, le développement des communications orales et écrites entre les classes et les catégories sociales, ainsi qu'entre les organisations qui en émanent (syndicats, partis, coopératives, etc.), a assuré l'unification, non point des façons de penser, mais des façons de dire — sans pour autant supprimer les particularités propres à chacun des groupes dans ses échanges internes. Le parler dit « populaire » conserve sa verdeur, et le style des discours académiques sa pompe, mais l'académicien et le délégué ouvrier, dans les mille situations identiques qui sont imposées à l'un et à l'autre par les formes de la vie moderne, sont astreints à user des mêmes mots. Le vocabulaire qui leur est commun représente une part du vocabulaire de chacun d'eux sans aucun doute plus étendue qu'au début de ce siècle.

A la différenciation sans cesse plus poussée des sciences et des techniques répond donc une spécialisation croissante des zones correspondantes du lexique. A l'uniformisation des bases matérielles de la vie moderne, à l'universalisation des connaissances élémentaires et générales, à la multiplication des relations directes et indirectes entre les individus de toutes les couches sociales du pays, à l'omniprésence de quelques grands médias audio-visuels nationaux répond en revanche une uniformisation du vocabulaire courant, ou du moins la constitution d'un « niveau lexical neutralisé », à extension maximale. L'un et l'autre de ces deux processus contribuent également à l'originalité du lexique français contemporain, saisi dans l'ensemble de ses structures, par

contraste avec le lexique de l'époque « pré-indus-
trielle ». Le décalage s'est accru sensiblement entre
la langue des romanciers des années 1880, même des
plus attentifs au mouvement de l'idiome, et la langue
vivante d'aujourd'hui. Point n'est besoin de remon-
ter jusqu'à la langue classique, que seuls des spécialistes avertis peuvent se flatter de comprendre sans
risque de contre sens (1). On conçoit l'embarras
des écrivains contemporains, tiraillés entre le res-
pect d'une « élégance » dont les normes se réfèrent
aux modèles laissés par les maîtres d'antan (et
sur ce plan, *d'antan* signifie : avant 1960), et la
tentation de valoriser soit la technicité des divers
lexiques savants, soit les libertés — à vrai dire
encore mal explorées — du français vivant (2).
Embarras d'autant plus grand du reste, que beaucoup des créations du français « branché » (qui est
aussi le français des jeunes) disparaissent aussi vite
qu'elles ont surgi, ou en tout cas prennent rapidement « un coup de vieux » (3).

(1) Un exemple : le *Dictionnaire* de FURETIÈRE compte environ
22 000 mots (éd. de 1690). (Rappelons que le *Petit Larousse* en
compte plus du double.) La proportion des mots simples par rapport
aux mots composés y est plus forte que dans les dictionnaires
modernes (37 %). Une rapide comparaison entre *Furetière* et le
Petit Larousse (de GRA- à GRE-, non comptés les composés de
GRAND, soit au total 81 formes dans *Furetière* et 160 dans *Larousse*),
met en évidence, de *Furetière* à *Larousse* : 12 disparitions de mots
*(graal, grabeau, gradine, grafigner, grairie, graisset, grandet, gran-
gier, grapin, gral, grateleux, gratteboesse)*, et sur les 69 mots qui
subsistent, 15 changements caractérisés du sens et 10 additions
ou pertes partielles du sens. Sur les 160 formes considérées du
Larousse, 43 seulement figurent donc dans *Furetière* avec la même
valeur — encore faudrait-il regarder de près leurs entourages
contextuels de l'époque, qui sont sans doute pour une large part
différents de leurs entourages actuels. Par rapport aux 81 formes
considérées de *Furetière*, on voit que 37, soit *près de la moitié, ont
disparu ou changé de sens.*
(2) Sur la néologie, voir A. GOOSE, *La néologie française aujour-
d'hui*, Paris, C.I.C.F., 1972 ; C. DÉSIRAT et T. HORDÉ, *La Langue
française au XXe siècle*, Bordas, 1983 ; H. WALTER, *Mots nouveaux
du français*, Paris, Sorbonne, 1985.
(3) Voir Jacques CELLARD et Alain REY, *Dictionnaire du français
non conventionnel.*

Chapitre VII

LA LEXICOGRAPHIE ET LA LEXICOLOGIE

Le mot *lexicologie* est d'un emploi assez récent.
On en a parfois confondu le sens avec celui du mot
lexicographie. Aujourd'hui la *lexicographie* désigne
une *technique* : la confection des dictionnaires, tandis
que la *lexicologie* est une science, celle qui a pour
objet le lexique (1). Comme en beaucoup d'autres
domaines, la science s'est ici constituée bien longtemps après la technique correspondante.

I. — La lexicographie

Cette technique elle-même est née dans la première moitié du xvie siècle, pour le domaine français. Elle répondait avant tout aux besoins des
traducteurs — traducteurs des langues classiques
et traducteurs des langues étrangères vivantes — lesquels servaient l'essor culturel déclenché quelques dé-
cennies plus tôt par l'extension des courants commer-
ciaux, l'apparition de l'imprimerie, la diffusion des
textes antiques, le mouvement de la Réforme, etc.
Ce n'est pas un hasard si le premier lexicographe français, Robert Estienne, fut en même temps le plus
fameux des imprimeurs français du xvie siècle (2).

(1) Voir A. Rey, *La lexicologie*, Paris, Klincksieck, 1970 ; et
Langue française, n° 2, 1969, « Le lexique » ; n° 43, 1979, « Dictionnaire
sémantique et culture ».
(2) *Dictionarium latino-gallicum* et *Dictionnaire français-latin*, 1538
et 1539. Voir Ch. Beaulieux, Dictionnaires, lexiques et vocabulaires
français antérieurs au « thresor » de Nicot, *Mélanges Brunot* ; et
F. Brunot, *Histoire de la langue française*, III, I, 2, appendice.

Il fallait d'abord mettre à la disposition des traducteurs, et des lecteurs de textes antiques des répertoires bilingues : latin-français, français-latin (notamment le *Thresor de la langue françoise* de Jean Nicot, 1606), grec-français, français-grec. Un peu plus tard, des lexicographes français ou étrangers firent paraître des ouvrages conçus sur le même type, mais destinés aux voyageurs plutôt qu'aux humanistes : anglais-français, français-anglais, hollandais-français, espagnol-français, français-hollandais, etc. Le *Dictionary of the French and English tongues* de Cotgrave, publié à Londres en 1611, demeure une de nos principales sources lexicographiques pour la connaissance du français pré-classique.

A l'autre extrémité du XVIIe siècle, apparurent successivement le *Dictionnaire françois* de Richelet (1680), le *Dictionnaire universel* de Furetière (La Haye, 1690), le *Dictionnaire de l'Académie* (1694), et le *Dictionnaire des arts et des sciences* de Thomas Corneille (1694) : ouvrages fondamentaux de la lexicographie française, d'où devaient sortir, par imitations, corrections, et enrichissements successifs, tous nos grands dictionnaires.

Le *Dictionnaire de l'Académie* était animé du seul désir d'éclairer le sens des mots de la « langue polie », par l'usage de la définition, de la synonymie, et de l'exemple : les termes des « arts mechaniques » s'en trouvaient exclus et renvoyés à un répertoire spécialisé que publiait Thomas Corneille, sous les auspices mêmes de l'Académie. Déjà Furetière avait insisté sur l'originalité de son propre ouvrage, devançant de quatre ans celui des académiciens, et rédigé dans un esprit plus « moderne » : « Cet auteur... ne s'est pas proposé les termes du beau langage, ou du style à la mode, plus que les autres. Il ne les a fait entrer dans sa compilation que comme des parties du tout qu'il avait enfermé dans son dessein. De sorte que le langage commun n'est ici qu'en qualité d'accessoire. C'est dans les termes affectés aux arts, aux sciences, et aux professions, que consiste le principal. »

Cette orientation encyclopédiste de la lexicographie devait s'affirmer plus nettement (sous l'influence de l'Angleterre) avec le *Dictionnaire historique et critique* de Bayle, et surtout avec l'*Encyclopédie* publiée sous la direction de Diderot entre 1751 et 1771. A la définition des mots, s'ajoutait la description des choses. Le lexicographe s'entourait d'une équipe de savants représentant toutes les disciplines, et l'ouvrage, décuplant son étendue, faisait le point du savoir universel, dans l'ordre commode de l'alphabet, pour un public aussi désireux de comprendre les phénomènes du monde réel que d'écrire selon le bon usage.

II. — Encyclopédies, dictionnaires spécialisés Dictionnaires généraux

Cette bipartition des dictionnaires en *Dictionnaires de langue* et en *Encyclopédies* a subsisté depuis Diderot. Elle s'est doublée d'une bipartition en dictionnaires généraux (décrivant soit les emplois de tous les mots inventoriés dans la langue, soit les emplois des seuls mots donnés comme d'usage contemporain), et en dictionnaires spécialisés.

Ceux-ci sont de plusieurs espèces. Tantôt ils décrivent sous un aspect particulier les mots de l'usage : par exemple les *Dictionnaires des difficultés*, qui étudient les problèmes orthographiques, grammaticaux et stylistiques que posent les mots d'usage (A.-V. Thomas, éd. Larousse ; J.-P. Colin, Les Usuels du Robert, 1979) : les *Dictionnaires de synonymes*, dont le premier parut en 1718 (abbé Girard, *La justesse de la langue française ou les différentes significations des mots qui passent pour être synonymes*) ; les *Dictionnaires analogiques*, qui diffèrent des précédents en ce qu'ils disposent sous une même

« adresse » tous les mots appartenant non seulement à la table synonymique du mot considéré, mais aussi tous ceux qui entrent dans son champ sémantique — par exemple, pour *abeille* : *miel, cire, ruche, apiculture*, etc. (Boissière, 1862 ; P. Rouaix, 1910 ; Ch. Maquet, 1936 ; D. Delas, 1979) ; les *Dictionnaires étymologiques*, qui indiquent l'origine du mot, son mode de formation, la première date attestée et le mode de son entrée dans la langue, ainsi que les grands traits de son histoire morphologique et sémantique (O. Bloch et W. von Wartburg, 1re éd., P.U.F., 1932 ; 4e éd. refondue, 1964 ; Dauzat, Dubois, Mitterand, éd. Larousse, 1993 ; *Dictionnaire étymologique du français*, de J. PICOCHE, Robert, 1987 ; et le *Französisches Etymologisches Wörterbuch* de W. von Wartburg, monument de l'étymologie française, publié à Bâle) (1). Tantôt ils décrivent les mots appartenant à un état de langue ancien et saisi comme tel : *Dictionnaires d'ancien français* (Godefroy, en 10 vol., 1880-1902 ; *Altfranzösisches Wörterbuch*, de Tobler-Lommatzsch ; A. J. Greimas, éd. Larousse) *Dictionnaire du XVIe siècle*, d'Ed. Huguet ; *Dictionnaire de la langue française classique*, de J. Dubois, R. Lagane et A. Lerond (éd. Larousse, 1971). Tantôt enfin ils se limitent à l'inventaire d'un registre particulier du lexique : *Dictionnaire d'argot* (*Dictionnaire de la langue verte*, d'A. Delvau, 1866 ; *Dictionnaire de l'argot parisien*, de Lorédan Larchey, 1872 ; *Dictionnaires d'argot*, de Virmaître, 1894, de Delasalle, 1896, etc.) ; *Dictionnaires techniques*, innombrables ; *Dictionnaires de parlers locaux*, qui ont trouvé à notre époque leur forme scientifique dans les atlas linguistiques (*Atlas linguistique de France*, de Gilliéron et Edmont, 1902-1910 ; *Atlas linguistique et ethnographique du Lyonnais*, de Mgr Gardette, 1er vol., 1950, etc.), ainsi que dans les études de lexiques particuliers, type Alain Lerond, *L'habitation en Wallonnie malmédienne*, Paris, 1963.

Les *Encyclopédies* elles-mêmes ont essaimé en répertoires spécialisés : dictionnaires scientifiques, philosophiques, techniques, biographiques, etc. Mais chaque siècle a vu naître un ou plusieurs grands répertoires des connaissances universelles : au siècle dernier, le *Grand dictionnaire universel du XIXe siècle* de Pierre Larousse (1865-1876), en 15 volumes, suivis de deux suppléments ; au nôtre, l'*Encyclopédie française*, le *Grand*

---

(1) Voir aussi B. QUEMADA, Datations et documents lexicographiques, *Matériaux pour l'histoire du vocabulaire français*, Institut de la Langue française, C.N.R.S., depuis 1959.

Larousse encyclopédique en 10 volumes, etc. Ces ouvrages n'intéressent le linguiste que pour la partie, plus ou moins étendue, qui leur est commune avec les dictionnaires de langue : le reste, où se trouve décrite la réalité extra-linguistique, peut offrir au lexicographe l'*objet* de sa recherche, mais ne concerne en aucune manière, en tant que *sujet*, la lexicographie.

Les premiers grands *Dictionnaires généraux de la langue vivante* étaient des dictionnaires synchroniques, décrivant l'usage de leurs auteurs — avec toutes les exclusives que cela comportait, s'agissant notamment de l'Académie. Mais la publication des premières éditions eut pour effet de changer leur rôle : du fait qu'un usage momentané du lexique s'y trouvait immobilisé, et y recevait de plus le prestige de la systématisation, cet usage tendait à devenir un modèle. Les éditions ultérieures devaient s'en tenir pour l'essentiel à sa reproduction, malgré l'introduction, prudente, d'un certain nombre de néologismes. C'est pourquoi le *Dictionnaire de l'Académie française* (1) est resté un dictionnaire de la langue classique. La série des *Trévoux*, qui au XVIIIᵉ siècle a exploité l'orientation semi-encyclopédique de Furetière, a conservé également, pour les mots du « bon usage », les définitions admises à la fin du XVIIᵉ siècle, et s'est gardée de faire place aux formes des parlers familiers. Quant aux éditions successives des dictionnaires de *Boiste*, de *Landais*, de *Bescherelle* (2), dans la première moitié du XIXᵉ siècle, ainsi que des dictionnaires de *Poitevin* et de *La Châtre*, dans la seconde, tout en étant plus libérales, en particulier à l'endroit des lexiques

(1) Editions successives du *Dictionnaire de l'Académie* : 1694, 1718, 1740, 1762, 1798, 1835 (avec un important *Complément* en 1842), 1878, 1935. Sur l'histoire des dictionnaires, on devra consulter la thèse de Bernard QUEMADA : *Les dictionnaires du français moderne (1539-1863)*, Paris, Didier, 1968.
(2) Boiste, 1ʳᵉ éd., 1800 ; 14ᵉ, 1857 ; N. Landais, 1ʳᵉ éd., 1834 ; 12ᵉ, 1853 ; Bescherelle, 1ʳᵉ éd., 1845 ; 14ᵉ, 1871.

techniques, elles conservent les données et le plan des ouvrages antérieurs.

L'apparition de la linguistique historique, vers le milieu du XIXe siècle, a modifié profondément les perspectives et les méthodes de la lexicographie. A la description d'un usage caractérisé comme bon en vertu de critères extérieurs à la linguistique proprement dite (autorité de l'Académie, de l'École, de l'État, des critiques, des imprimeurs, etc.), on a alors ajouté des hypothèses sur l'étymologie du mot, le relevé de ses graphies successives, et surtout une description de ses usages passés. Le premier Dictionnaire animé de préoccupations historiques fut le *Dictionnaire de la langue française* d'Émile Littré, qui avait eu pour titre primitif : *Dictionnaire étymologique, historique et grammatical de la langue française.* Commencé en 1846, achevé pour l'essentiel en 1865, l'ouvrage fut publié entre 1863 et 1872 (supplément en 1877). Littré ne cherchait point délibérément à figer la langue dans un des ses états passés, mais, par une démarche inverse qui n'en trahissait pas moins un souci de purisme, il prétendait intégrer l'usage classique dans l'usage contemporain : « Chez nous, l'usage contemporain, pris dans un sens étendu, enferme le temps qui s'est écoulé depuis l'origine de la période classique jusqu'à nos jours ; c'est-à-dire que, commençant à Malherbe, il compte aujourd'hui plus de deux cents ans de durée » (préface au premier tome). De là une équivoque embarrassante pour les historiens de la langue : rien ne distingue, dans un article de ce dictionnaire, une acception classique ou post-classique, propre aux genres nobles de l'époque, d'une acception encore vivante dans la prose courante des contemporains de Littré. Pour le choix de ses exemples, l'auteur ne descend pas au-delà de 1820 (sauf, dans le Supplément, pour les termes d'emploi spécialisé dans le vocabulaire des sciences, de la vie politique, etc.). Composé dans les années 1850, le *Dictionnaire* de Littré ne doit être tenu que pour un dictionnaire de la langue classique — dont il donne une clé inestimable en l'état actuel de nos ressources lexicographiques. Il diffère cependant des dictionnaires antérieurs au moins sur trois points : son relatif libéralisme dans l'enregistrement des formes, son emploi systématique de la citation, aussi indispensable que la définition pour faire comprendre le sens et les nuances diverses d'un mot, et le souci de logique dans la distinction et la disposition des sens. « Mon dictionnaire à moi a pour éléments fondamentaux, un choix d'exemples empruntés à l'âge classique et aux temps qui l'ont précédé, l'étymologie des mots et la classification rigoureuse des significations d'après le passage de l'acception primitive aux acceptions détournées et figurées » *(ibid.)* (1).

De même que Littré ne concevait pas que l'usage contemporain pût être autre chose que l'usage classique étendu, il n'imaginait pas que la méthode historique et la méthode logique pussent desservir son dessein primitif de décrire l'usage contemporain, « premier et principal objet d'un dictionnaire » *(ibid.)*. Mais ce qui lui paraissait une « classification rigoureuse des significations » semble au lecteur d'aujourd'hui un capricieux désordre, sans nul principe de cohérence linguistique.

A la fin du XIXᵉ siècle, Darmesteter, Hatzfeld et Thomas, dans leur *Dictionnaire général*, accentuèrent la rigueur de la méthode logique, tout en

(1) Sur les sources et la chronologie du *Littré*, voir P.-J. WEXLER, Le fonds Pougens et Date des fascicules du Littré, *Cahiers de lexicologie*, n° 1, 1960, pp. 77-99. Voir aussi A. REY, *Littré*, Paris, Gallimard, 1970.

clarifiant l'énumération des valeurs du mot. Ils apportèrent de plus, pour la première fois, des données étymologiques sûres, dont beaucoup demeurent encore à la base de nos dictionnaires étymologiques modernes. Mais ils contribuèrent à orienter la lexicographie française dans la voie d'une étude exclusive des signifiés, et d'une application déductive des lois sémantiques établies par Darmesteter. La spécificité et la diversité des combinaisons formelles se trouvaient sacrifiées au profit d'une reconstruction abstraite et hypothétique — quoique donnée pour évidente — du jeu des significations.

A notre époque, le *Dictionnaire alphabétique et analogique* de Paul Robert (9 vol., 1985, accompagné du *Petit Robert* et du *Micro-Robert*), trésor de la langue littéraire, tente de concilier les exigences de la modernité, de l'histoire, de la logique, et de la description objective. Il choisit ses exemples tant dans la littérature contemporaine que dans la littérature classique, et y ajoute la plupart des tournures actuelles dans lesquelles apparaît le mot ; il marque d'un signe particulier les acceptions vieillies ; il distingue nettement les divers types d'emplois grammaticaux d'un même mot ; il multiplie les renvois synonymiques. Mais il conserve, appliqués il est vrai avec raffinement, les critères logico-psychologiques de classification ; et il demeure timoré, tant à l'égard de la méthode historique qu'à l'égard de la langue soutenue, auxquelles il fait la part trop belle pour pouvoir donner une description spécifique de la langue parlée d'aujourd'hui dans ses structures propres et à tous ses niveaux. Au contraire le *Dictionnaire du français contemporain* (Larousse, 1967) présente une description résolument synchronique du français courant. Le *Grand Larousse de la langue française* (Larousse, 6 vol.)

tente d'établir rigoureusement l'histoire des sens. Le *Trésor de la langue française*, dont le seizième et dernier volume a paru en 1994 (C.N.R.S.), est un dictionnaire à la fois historique, synchronique et documentaire (avec une bibliographie des études consacrées aux mots en adresse et des indications statistiques), qui enregistre une masse considérable de citations littéraires nouvelles et propose un classement particulièrement fin et rigoureux des acceptions.

III. — La méthode en lexicographie

Du point de vue théorique, on a mis en évidence les limites de la définition, clé de voûte de tout article dans la lexicographie traditionnelle : si elle explique le mot, qui est donné comme une inconnue, par référence à une autre inconnue morphologiquement voisine (la *marche*, définie comme l'action de *marcher*), elle est inutile ; si elle en fait connaître l'usage en le rapportant à la réalité extra-linguistique, elle escamote les rapports intra-linguistiques qui fondent précisément cet usage, et doit employer d'autres mots dont certains sont beaucoup plus rares et plus éloignés de l'expérience linguistique directe de l'interrogateur : elle devient alors trompeuse et source d'obscurités supplémentaires. Ainsi, pour la définition de *saut*, dans Littré, où la tautologie et l'analyse *encyclopédique* se substituent à la description raisonnée de l'usage linguistique : « Action de sauter, ou, en termes de physiologie, mouvement brusque par lequel un corps vivant se détache du sol, au moyen de l'extension brusque d'une ou plusieurs parties de son corps préalablement fléchies. » Quant au verbe *sauter*, il est ainsi défini quelques pages plus loin : « S'élever de terre

111

avec effort » — définition non pertinente, puisqu'elle peut caractériser également la montée à la corde lisse, ou le grimper aux arbres, ou le saut en profondeur. Ajoutons que les multiples valeurs d'emploi des « gallicismes », des « locutions figées » et des « expressions toutes faites » débordent toutes les définitions possibles et se prêtent mal à un classement logique. Enfin, il n'y a pas toujours adéquation entre la définition par conditions nécessaires et suffisantes et, d'une part, le sentiment des locuteurs, d'autre part, l'image qui est renvoyée par le spectre des expressions toutes faites (1).

Les lexicographes influencés par le structuralisme, outre qu'ils refusent de mêler la diachronie à la synchronie, tendent à diminuer le rôle de la définition. Ils lui substituent, ou au moins lui ajoutent une énumération raisonnée, et exhaustive chaque fois que cela est possible, des réseaux d'oppositions et de contrastes fondamentaux dans lesquels s'inscrit le mot, pour un état donné de la langue. Ils usent avec prudence de la citation littéraire, à laquelle ils préfèrent des témoignages empruntés à la conversation, à la presse, ou aux textes didactiques, et ils excluent les citations relevant d'un état de langue étranger à la période de référence (2). Ils s'efforcent de distinguer avec rigueur les différents sys-

(1) Pour une apologie et une méthode de la définition, voir P. IMBS, Au seuil de la lexicographie, *Cahiers de lexicologie*, n° 2, pp. 3-17. Voir aussi A. REY, A propos de la définition lexicographique, *Cahiers de lexicologie*, n° 6, 1965, pp. 67 à 80 ; J. CHAURAND, éd., *La définition*, Larousse, 1991 ; G. KLEIBER, *La sémantique du prototype*, P.U.F., 1990.
(2) Ces réseaux de distribution peuvent être relevés à l'aide de sondages collectifs alliant aux enquêtes du type « enquête d'opinion » les tests du type construction de phrase, exercices à trous, proposés à des groupes de sujets appartenant à divers niveaux de langage, L'Institut national de la Langue française, à Nancy, repère par ordinateur les « groupes primaires » (nom + adjectif, nom + complément de nom, etc.), dans la masse des textes qu'il engrange.

tèmes de distribution dans lesquels s'inscrivent ces réseaux contextuels, et qui coïncident soit avec des oppositions homonymiques, soit avec des cloisonnements socio-professionnels (ex. : *pièce* — de monnaie; *pièce* — mettre une pièce à un vêtement ; *pièce* — au théâtre ; *loi* — pour le juriste, et *loi* pour le savant, etc.). Enfin ils attribuent aux constructions syntaxiques du mot une importance primordiale et qui gouverne la disposition interne de l'article : la présence d'un complément introduit par la préposition *de* après le verbe *passer* est liée à celle d'un second complément prépositionnel, et dans cette structure se manifeste une valeur particulière du verbe : *passer de vie à trépas, de France en Italie*, etc. (1).

Certains ont mis en doute la validité de l'indexation alphabétique. Ce n'est évidemment qu'un procédé commode pour la consultation du dictionnaire, et sans valeur linguistique. On a proposé de l'abandonner pour adopter une méthode d'exposition qui donnerait pertinence à la place du mot dans la série générale, en regroupant tous les mots qui ressortissent à un même concept : l'ensemble des concepts constituerait un tout organique (2), reflétant la vision du monde propre à « l'individu moyennement doué ». Les défauts inhérents à toute méthode logique se retrouvent ici, avec un risque aggravé d'arbitraire dans le choix des concepts et le classement des formes. La structuration des sphères conceptuelles n'est pas celle des réalités linguistiques. Dans l'état actuel de nos connaissances sur les relations structurales des signifiants, l'ordre alpha-

---

(1) Voir J. Dubois, Recherches lexicographiques : Esquisse d'un dictionnaire structural, *Etudes de linguistique appliquée*, n° 1, 1962, pp. 43-48.
(2) R. Hallig et W. von Wartburg, *Begriffssystem als Grundlage für die Lexicographie*, Leipzig, 1952.

bétique demeure le plus commode et le plus rigoureux : la pratique des relevés de collocations et des
renvois synonymiques et analogiques en corrige les
insuffisances (1).

La présentation alphabétique est d'autre part
une assurance d'exhaustivité : elle permet de véri-
fier aisément la présence d'une forme dans l'ouvrage.
Or la lexicographie contemporaine tend de plus
en plus à l'exhaustivité, d'abord par désir de tout
connaître de la civilisation à travers le vocabulaire
qui l'exprime, et aussi pour des raisons proprement
linguistiques : seul un relevé complet de toutes les
formes et de toutes les combinaisons de formes qui
caractérisent un état de langue permet d'établir avec
précision les valeurs d'emploi de chacune d'elles. De
là, les grands projets d'inventaire de la langue
française qui ont vu le jour depuis une cinquantaine
d'années : l'*Inventaire* dirigé par Mario Roques depuis 1938 jusqu'à sa mort, et l'*Institut national de
la Langue française*, implanté à Nancy sous les
directions successives de Paul Imbs, Bernard Quemada et Robert Martin, et qui a publié le *Trésor de
la langue française (T.L.F.)*. De là également la
publication de glossaires spécialisés (vocabulaire
de la médecine, de la linguistique, etc.), allégeant
d'autant les Dictionnaires généraux, et l'apparition
de relevés lexicaux périodiques.

IV. — Les techniques nouvelles

Toutes les entreprises de cet ordre demeuraient
fragmentaires jusqu'au milieu de ce siècle, faute de

(1) Voir F. de TOLLENAERE, Lexicographie alphabétique ou idéologique, *Cahiers de lexicologie*, n° 2, 1960, pp. 19-29 ; A. REY, Les
dictionnaires : forme et contenu, *Cahiers de lexicologie*, n° 7, 1965,
pp. 65-112 ; J. DUBOIS, Pourquoi des dictionnaires, *Social Science
Information*, VI, août 1967, pp. 101-112.

moyens techniques suffisants — on l'a bien vu avec l'*Inventaire Roques*. Des dizaines de milliers de mots que compte notre langue, de leurs millions d'emplois différents, des dizaines de milliers de termes employés autrefois et aujourd'hui disparus, les plus grands dictionnaires ne pouvaient faire connaître qu'une petite fraction. La recherche des mots et des sens demeurait individuelle, fragmentaire, disparate, parce que nécessairement *manuelle*.

L'informatisation des inventaires, introduite en France par Bernard Quemada (1), et admise comme technique fondamentale par les promoteurs de l'*Institut national de la Langue française* et les chercheurs du laboratoire de lexicologie politique de l'E.N.S. de Saint-Cloud, rend désormais possible ce qui semblait jusqu'ici chimérique. L'adaptation de l'informatique aux dépouillements de textes a accru les moyens matériels des chercheurs dans des proportions considérables : ce sont désormais les ordinateurs qui procèdent à l'indexation totale ou sélectionnée des textes (eux-mêmes scannérisés par les machines à lire), au contextage automatique des mots, au tri ultra-rapide de millions d'occurrences, à la sélection des emplois fondée sur la comparaison automatique des contextes.

(1) B. QUEMADA, La mécanisation des inventaires, *Cahiers de lexicologie*, n° 1, 1959, pp. 7-46, et Les Actes du Colloque international sur la mécanisation des recherches lexicologiques, *Cahiers de lexicologie*, n° 3, 1961. Voir aussi M. TOURNIER, Vocabulaire politique et inventaire sur machine, *Cahiers de lexicologie*, n° 10, 1967, pp. 67-101, et *Informatique en sciences humaines*, avril et oct. 1970 ; Paul IMBS, Préface au vol. 1 du *Trésor de la langue française*, C.N.R.S., 1971. — Voir enfin la revue *Mots*, publiée par le Laboratoire de Lexicologie politique de Saint-Cloud, éd. Didier, et le n° 87 de *Langue française*, sept. 1990, « Dictionnaires électroniques du français ».

L'ordinateur, sur écran ou sur sortie imprimée, met à la disposition des lexicographes diverses sortes de documents, dont voici les principaux :

— des *Index*, ou listes des mots (dans l'ordre alphabétique ou dans l'ordre des fréquences décroissantes), avec leurs références (par exemple le numéro de la page et le numéro de la ligne, ou le numéro du vers dans une pièce en vers) ;
— des *Concordances*, ou listes des mots, dans l'ordre alphabétique, avec un contexte de trois lignes qui permet de cerner immédiatement les collocations (ou associations proches) du mot, dans son emploi ;
— des *Fiches-textes*, qui fournissent pour chaque mot, sur une fiche séparée, un contexte élargi à 18 lignes. Ces fiches, consultées éventuellement par les rédacteurs du *T.L.F.* après la concordance, permettent une sélection plus fine et plus pertinente des exemples qui serviront d'appuis et d'illustrations pour les définitions ;
— des glossaires inverses, listes de mots apparaissant dans l'ordre alphabétique de leurs finales, et qui sont précieuses pour l'étude des suffixes et des mots dérivés ;
— le listage alphabétique des néologismes enregistrés en permanence par les « observatoires de la langue » dépendant de l'Institut de la Langue française ; des mots qui ont fait l'objet d'articles dans les dictionnaires généraux du passé ; des mots et des locutions techniques enregistrés dans les dictionnaires spécialisés. Ceci est publié périodiquement dans la collection « Matériaux pour l'histoire du vocabulaire français », sous la direction de Bernard QUEMADA (36 volumes parus en 1992), éd. I.N.A.L.F. - Klincksieck.

L'Institut national de la Langue française possède désormais à Nancy une véritable « banque de textes » (un millier de textes littéraires et techniques des XVIIᵉ, XVIIIᵉ, XIXᵉ et XXᵉ siècles), qui ne cesse de s'enrichir. Conçue à l'origine pour fournir une documentation inédite et massive aux rédacteurs du *T.L.F.*, elle pourra servir à la conception et à la réalisation de beaucoup d'autres répertoires et instruments de travail à base lexicologique : terminologies et lexiques techniques, dictionnaires orthographiques, dictionnaires de composants lexicaux, documents statistiques, glossaires d'auteurs, dictionnaires de genres ou d'époques, dictionnaires de citations, dictionnaires de concepts (avec les textes clés définissant et expliquant chaque aspect idéologique, thématique ou historique du concept vedette), etc.

Ajoutons que la télématique permet désormais de consulter, sur les écrans des « terminaux », en France et à l'étranger, l'immense variété de ces informations, conservées dans la « mémoire » de l'ordinateur central. Une hésitation sur l'orthographe, le sens ou l'étymologie d'un mot ? Il suffira de décrocher son téléphone, de frapper quelques touches sur un clavier, et de voir apparaître sur l'écran la réponse attendue... La lexicographie passera-t-elle encore par l'intermédiaire du dictionnaire, lourd ou léger ? On songe à présent aux dictionnaires sur vidéo-disques compacts. Cependant, seul le *livre*, jusqu'à preuve du contraire, permet de tracer, à travers les textes et à travers les mots, ces itinéraires de raison ou de fantaisie sans lesquels il n'est pas de vraie et féconde familiarité avec la langue.

Spécimen de concordance (I.N.A.L.F.)

(Liste alphabétique des mots accompagnés de leur contexte)

RACINE, *Bérénice*

baigné
0151 seigneur, je vous veux bien confier mes alarmes :
0152 ces jours ont vu mes yeux baignés de quelques larmes :
0153 ce long deuil que titus imposoit à sa cour
0154 avoit même en secret suspendu son amour.

1449 les larmes de la reine ont éteint cet espoir.
1450 ses yeux, baignés de pleurs, demandoient à vous voir.

balance
0203 enfin votre rigueur emporta la balance :
0204 vous sûtes m'imposer l'exil ou le silence.

1011 que rome avec ses lois mette dans la balance
1012 tant de pleurs, tant d'amour, tant de persévérance :

balancer
0451 bérénice a longtemps balancé la victoire ;
0452 et si je penche enfin du côté de ma gloire,
0453 crois qu'il m'en a coûté, pour vaincre tant d'amour,
0454 des combats dont mon cœur saignera plus d'un jour.

V. — La lexicologie

Si les machines permettent au chercheur d'économiser tout le temps qu'il réservait naguère à la collecte de ses documents, si même elles lui ouvrent pour leur interprétation des voies imprévues, elles ne le dispensent pas d'exercer ses capacités de réflexion, qui entrent pour une part essentielle dans toute recherche scientifique. Il faut se garder du fétichisme de la machine.

C'est ainsi que peut s'édifier sur une *lexicographie* exhaustive et méthodique, la *lexicologie* moderne. Encore faut-il s'entendre sur les fins de cette dernière, et sur la classification de ses disciplines.

On peut la définir sommairement comme la description des structures du vocabulaire. Tandis qu'au plan de la parole, les mots se présentent dans un ordre hétérogène, en raison même de l'hétérogénéité des thèmes qui font la matière du discours, et qu'au plan du dictionnaire cette hétérogénéité se retrouve accrue sous l'ordre alphabétique, au plan de la langue se dessinent des ensembles organisés dont il convient de décrire la composition et les mécanismes de fonctionnement : c'est la tâche du lexicologue, qui souvent ne fait qu'un avec le lexicographe. A vrai dire, la composition d'un article de dictionnaire, qui exige le choix d'une méthode, implique par là même la mise en œuvre d'une théorie lexicologique (1). Mais celle-ci doit trouver son application à un degré supérieur, lorsqu'il s'agit de refondre dans une description totalement cohérente du point de vue linguistique la matière offerte par la série alphabétique des articles d'un dictionnaire, d'un index, ou d'un fichier.

---

(1) Voir Jean Dubois, Lexicologie et analyse d'énoncés, *Cahiers de lexicologie*, 1969.

Partant de là, on conçoit au moins deux grandes sortes d'études. La première, qui étudie les types de mots du point de vue de leur composition formelle, est la *morpho-lexicologie*. La frontière de cette dernière avec la *morpho-syntaxe* n'est pas aisée à établir. Tandis que la morpho-syntaxe décrit les mécanismes de variabilité du mot dans le discours (désinences, marques d'accord), la morpho-lexicologie étudie la structure de sa partie invariable, les caractéristiques et les rapports mutuels des éléments de cette structure (radicaux et affixes, radicaux de composition). L'une induit, de ses observations sur les matériaux du discours, des schèmes de *flexion*, tandis que l'autre reconstruit des schèmes de *dérivation* et de *composition*.

La seconde discipline fondamentale de la lexicologie est la *sémantique* (1). Celle-ci étudie les mots du point de vue de leurs valeurs, et établit, par une confrontation des contextes qui entourent le mot dans la parole, le sens général, ou les principaux sens généraux de celui-ci dans la langue. Elle s'efforce de plus, comme nous avons tenté d'en donner l'illustration, de dessiner les réseaux dans lesquels les mots s'inscrivent en fonction de leurs valeurs.

M. Georges Matoré a tenté de définir une *lexicologie sociale*, fondée précisément « sur des ensembles, sur des *organismes* lexicologiques » (2), mais qui, « partant du concret linguistique, se proposerait l'explication d'états de société... et contribuerait à faire comprendre, en partant de l'étude des mots, le processus des évolutions sociales ». Par exemple, *ésotérique*, qui apparaît en 1755, marque le début

---

(1) Voir le n° 1 de la revue *Langages* : Recherches sémantiques (mars 1966).
(2) G. Matoré, *La méthode en lexicologie*, Paris, 1953, p. 6.

d'une réaction contre le rationalisme des lumières, qui répond en qualifiant de *charlatanisme* (1752) cette manifestation de l'esprit irrationnel » : *mots-témoins*. Quant aux *mots-clés*, ce sont des mots qui, tel *philosophe*, au XVIIIe siècle, désignent « un être, un sentiment, une idée, vivants dans la mesure même où la société reconnaît en eux son idéal » (1). Dans *L'espace humain*, ouvrage si suggestif à tous égards, M. Matoré décrit la phénoménologie contemporaine de l'espace à partir du relevé des métaphores spatiales répandues dans la littérature et dans la presse. Il conclut que le langage, qui sert de moyen de communication aux hommes, « ne peut être appréhendé de l'extérieur, perçu comme les phénomènes figés du monde physique ; appartenant au domaine de la conscience, il doit être interprété grâce à une méthode qui ne trahisse pas son intériorité » ; « les signifiés seraient réintégrés dans la zone vécue où ils accéderaient à une véritable existence, historique et signifiante ». On retrouve ici, dans une autre perspective, dégagée des servitudes de la lexicographie, et nourrie des apports neufs de la phénoménologie et de la sociologie modernes, le souci de classement idéologique qui ordonnait déjà le *Begriffssystem* de Hallig et Wartburg. Le risque demeure que cette lexicologie sociale, ou socio-phénoménologique, malgré ses séductions, échappe à la linguistique, sans pour autant devenir partie intégrante de la sociologie ou de l'histoire, ni s'ériger en science autonome : pour cette raison simple que le mot ne se confond point avec le réel, pas plus que le réel ne se réduit au reflet qu'en proposent les mots. Il est aventureux, pour la sociologie comme pour la linguistique, de déduire de

(1) *Ibid.*, p. 68.

l'examen des mots la moindre hypothèse sur les structures de la réalité non linguistique, aussi longtemps qu'on ignorera les lois spécifiques qui ordonnent l'organisation des mots eux-mêmes.

La *lexicologie appliquée* utilise à des fins pratiques les données de la lexicographie et de la lexicologie descriptive, et vérifie expérimentalement leurs aperçus théoriques. Ainsi les dépouillements des manuels scientifiques en usage dans notre enseignement, le calcul du rang de fréquence et le classement de leurs termes, ont permis au C.R.E.D.I.F. d'élaborer un *français scientifique fondamental* qui a pris la suite du français élémentaire, et rendu plus aisée aux étudiants étrangers la fréquentation de nos laboratoires (1).

Les résultats de la statistique lexicale peuvent servir d'autre part aux techniciens des *télécommunications*, pour accroître le rendement de leurs moyens de transmission. La recherche des traits formels des unités significatives, minimales et maximales, ainsi que des traits formels de la polysémie, trouve son débouché pratique dans la « programmation » des *machines à traduire*. Les mots simples, les mots composés, les locutions du français, coïncident rarement avec des unités du même type dans les autres langues. Et la multiplicité des sens différents d'un même mot, qui caractérise en particulier le français, pose à la traduction automatique un de ses problèmes les plus ardus. Or, la lecture, par la machine, des formes qui de proche en proche avoisinent le mot ambigu et sont comme les marques de son emploi sémantique, permet d'identifier des syntagmes bien caractérisés sur le double plan de la forme et du sens, de les comparer aux syntagmes « mis en mémoire », et de tirer de cette comparaison la traduction exacte du mot de départ : si le mot *pavillon* est à soi seul ambigu, des groupes tels que *pavillon auriculaire*, le *pavillon du général*, le *pavillon de banlieue*, ne le sont plus. Encore faut-il que les lexicologues s'attellent à la tâche longue et ingrate de distinguer, pour chacun des mots polysémiques de la langue

(1) *Cahiers de lexicologie*, n° 3, 1961 : G. GOUGENHEIM et P. RIVENC, *La préparation du vocabulaire scientifique général.*

courante, les critères qui permettent de dénouer les ambiguïtés correspondantes (1).

On retrouve des problèmes identiques en *documentation*. Les documentalistes, qui eux aussi mécanisent leurs travaux (détermination des mots-vedettes dans les bibliographies analytiques, et élaboration automatique des résumés d'ouvrages), sont à la recherche des critères du mot documentaire — qui ne recouvre pas toujours le mot linguistique. Le mot documentaire peut coïncider avec un mot simple ou dérivé (ex. : *transistors*), mais il peut comporter un ensemble de signifiants, et coïncider sur le plan linguistique soit avec un mot composé *(chasse-neige)*, soit avec un syntagme libre *(avion supersonique)*. Sa pertinence a deux traits essentiels au point de vue documentaire : l'unité de sa signification — son « univocité » — et son aptitude à représenter l'idée essentielle, ou l'une des idées essentielles du document analysé. On conçoit que le documentaliste soit fort attentif aux phénomènes de polysémie, qui l'embarrassent, et aux phénomènes de fréquence, qui peuvent l'aider à repérer les mots où se condensent le contenu et les résultats d'une étude.

Il n'est pas jusqu'au commentateur des textes littéraires qui ne puisse tirer parti des techniques nouvelles. L'index, et mieux encore la concordance, permettent de comparer rapidement les uns aux autres les contextes immédiats de chacun des mots d'un texte. De là, il est possible d'établir la table de ses emplois dans ce texte, de définir ce qu'elle a de singulier et qui caractérise l'*idiosémie* du mot considéré, puis de construire un véritable dictionnaire de l'œuvre qui reflète les traits propres de son « écriture ». Le critique peut contrôler ses impressions de lecture, décrire dans leur complexité et leur valeur stylistique réelles les entrelacements de thèmes, d'images, d'artifices divers, dont est

(1) B. POTTIER, Les travaux lexicologiques préparatoires à la traduction automatique, *Cahiers de lexicologie*, n° 3, 1961, pp. 200-206, et Recherches sur l'analyse sémantique en linguistique et en traduction mécanique, *Publ. ling. de la Fac. des Lettres et Sc. humaines de Nancy*, 1963; Émile DELAVENAY, *La machine à traduire.* Paris, « Que sais-je ? », Presses Universitaires de France.

faite toute grande œuvre, suivre d'œuvre en œuvre les variations thématiques et stylistiques de l'écrivain, et mieux discerner les constantes de son inspiration et de sa manière, ainsi que les influences dont il s'est laissé marquer. Ainsi naît une *lexicologie littéraire*, qu'on pourrait également dénommer *lexico-stylistique*, débarrassée de tout ce que peut avoir de hasardeux le recours à l'intuition, aux dictionnaires généraux, ou, pire, à la critique impressionniste (1).

(1) H. MITTERAND et J. PETIT, Index et concordances dans l'étude des textes littéraires, *Cahiers de lexicologie*, n° 3, 1962, pp. 160-175 ; M. LAUNAY, Vocabulaire politique et vocabulaire religieux dans les « Rêveries », *Cahiers de lexicologie*, n° 5, 1964, pp. 85-100 ; H. MITTERAND, L'analyse du lexique littéraire, perspectives et problèmes, *Annales de Bretagne*, 1965, pp. 542-544 ; Corrélations lexicales et structures du récit, *La Nouvelle critique*, nov. 1968, pp. 21-28. Voir aussi *Littérature*, n° 4, 1971, « Sémantique de l'œuvre littéraire » ; J. PICOCHE, *Le vocabulaire psychologique dans les chroniques de Froissart*, Amiens, 1984 ; et les travaux déjà cités d'Etienne Brunet.

CONCLUSION

Tandis qu'à un pôle du lexique le développement des terminologies scientifiques entraîne la formation de zones lexicales caractérisées par l'univocité des éléments et la rigoureuse organisation de l'ensemble, à l'autre pôle — celui de l'idiome courant — la multiplicité des synonymes, et la polysémie des mots les plus fréquents diminue le rôle de chacun, et fait du groupe, plutôt que du mot, la cellule fondamentale du langage.

On s'explique ainsi que la petite histoire des mots isolés (le plus souvent conjecturale et fragmentaire) ne soit plus le principal objet d'intérêt du lexicologue, mais que celui-ci s'efforce de décrire exhaustivement les *ensembles* lexicaux dont les lois internes de distribution gouvernent l'usage, en un moment donné, des éléments composants.

On s'explique également que les méthodes de la morphosyntaxe et de la lexicologie se soient rapprochées, jusqu'à, pour certains, se confondre. Les notions de paradigme et de syntagme, familières aux grammairiens, le deviennent aux lexicologues, qui établissent leur étude de la fonction référentielle des *lexèmes* (radicaux et affixes) sur l'analyse de leurs possibilités de substitution et de combinaison dans l'énoncé, ainsi que le font les premiers pour l'étude des *morphèmes*. La sémantique y perd quelque indépendance, puisque la typologie des mécanismes sémantiques rejoint celle des collocations formelles. En revanche, l'étude des mots selon leurs traits de construction — ou morpholexicologie — sort des manuels de grammaire — dont elle ne constituait généralement qu'un bref appendice — pour devenir, associée à la sémantique, la matière d'une *lexicologie descriptive*, parallèle à la *grammaire* et à la *phonologie* descriptives.

A la différence des phonèmes et des morphèmes groupés en séries fermées, les lexèmes — notamment les lexèmes radicaux — sont en nombre considérable sinon infini. Le rêve d'analyse rigoureuse qui exalte le lexicologue moderne pourrait lui paraître de ce fait illusoire, en ses instants de lucidité... Il trouve cependant quelque réconfort à constater qu'en raison même de l'étendue de ce champ exploratoire, sa discipline, dernière née des disciplines linguistiques, est celle qui peut le plus attendre de la modernisation croissante des techniques auxiliaires et des progrès de la méthode structurale.

BIBLIOGRAPHIE

BALDINGER (K.), *Introduction aux dictionnaires les plus importants du français*, Paris, Klincksieck, 1974.

BAYLON (C.) et MIGNOT (X.), *Sémantique du langage*, Paris, Nathan, 1995.

BLOCH (O.) et WARTBURG (W. von), *Dictionnaire étymologique de la langue française*, Paris, P.U.F., 1932.

BRUNOT (F.), *Histoire de la langue française*, Paris, A. Colin.

CATACH (N.), GOLFAND (J.), DENUX (R.), *Orthographe et lexicographie*, Paris, Didier, 1972.

J. CHAURAND, *Introduction à l'histoire du vocabulaire français*, Bordas, 1977.

J. COLLIGNON, *Les Dictionnaires*, Ed. Nathan, 1980.

CORBIN (D.), *Morphologie dérivationnelle et structuration du lexique*, Presses Universitaires de Lille, 1991.

DARMESTETER (A.), *La formation des mots composés*, Paris, 1874.

DAUZAT (A.), DUBOIS (J.) et MITTERAND (H.), *Nouveau dictionnaire étymologique et historique*, Paris, Larousse, 1993.

DUBOIS (D.) éd., *Sémantique et cognition. Catégories, prototypes, typicalité*, Paris, Ed. du C.N.R.S., 1991.

DUBOIS (J.), *Essai sur la dérivation suffixale en français moderne et contemporain*, Paris, Larousse, 1963.

— *Le vocabulaire politique et social en France, de 1869 à 1872*, Paris, Larousse, 1963.

DUBOIS (J. et C.), *Introduction à la lexicographie*, Paris, Larousse, 1971.

DUCHÁČEK (Otto), *Précis de Sémantique française*, Brno, Universita J. E. Purkyně, 1967 [en français].

FUCHS (C.), *La paraphrase*, Paris, P.U.F., 1982.

M. GALMICHE, *Sémantique générative*, Larousse, 1975.

C. GERMAIN, *La sémantique fonctionnelle*, P.U.F., 1981.

GILBERT (Pierre), *Dictionnaire des mots contemporains*, Paris, Les Usuels du Robert, 1980.

GOUGENHEIM (G.), *Dictionnaire fondamental*, Paris, Didier, 1958.

— *Les mots français dans la vie et dans l'histoire*, Paris, Picard, 1963.

GREIMAS (A. J.), *Sémantique structurale*, Paris, Larousse, 1966.

GUILBERT (L.), *La formation des vocabulaires de l'aviation*, Paris, Larousse, 1965.

— *Le vocabulaire de l'astronautique*, Paris, Larousse, 1967.

— *La créativité lexicale*, Paris, Larousse, 1975.

GUIRAUD (P.), *Les caractères statistiques du vocabulaire*, Paris, Presses Universitaires de France, 1954.

— *La sémantique*, Paris, Presses Universitaires de France, « Que sais-je ? », 1955.

— *Les locutions françaises*, Paris, Presses Universitaires de France, « Que sais-je ? », 1962.

— *L'étymologie*, Paris, Presses Universitaires de France, « Que sais-je ? », 1964.

— *Les mots étrangers*, Paris, Presses Universitaires de France, 1965.

— *Les structures étymologiques du français*, Paris, Larousse, 1967.

HUGUET (E.), *L'évolution du sens des mots depuis le XVI* siècle*, Paris, Droz, 1934.

KERBRAT-ORECCHIONI (C.) *La connotation*, Presses Universitaires de Lyon, 1977.

— *L'implicite*, Paris, A. Colin, 1986.

KLEIBER (G.), *La sémantique du prototype. Catégories et sens lexical*, Paris, P.U.F., 1990.

MARTIN (R.), *Inférence, antonymie et paraphrase*, Paris, Klincksieck, 1976.

MARTINET (A.), *Eléments de linguistique générale*, Paris, A. Colin, 1960.

MATORÉ (G.), *La méthode en lexicologie*, Paris, Didier, 1953.

— *L'espace humain*, Paris, 1962.

— *Histoire des dictionnaires français*, Paris, Larousse, 1968.

MESCHONNIC (H.), *Des mots et des mondes*, Hatier, 1991.

MOUNIN (G.), *Clefs pour la sémantique*, Paris, Seghers, 1972.

MULLER (Ch.), *Etude de statistique lexicale, le vocabulaire du théâtre de Pierre Corneille*, Paris, Larousse, 1967.

— *Initiation à la statistique linguistique*, Paris, Larousse, 1968.

Néologie et lexicologie (Hommage à Louis Guilbert), Paris, Larousse, 1979.

PEYTARD (Jean), *Recherches sur la préfixation en français contemporain*, Paris, Champion, 1975.

PICOCHE (Jacqueline), *Précis de lexicologie française*, Paris, Nathan, 1977.

— *Structures sémantiques du lexique français*, Paris, Nathan, 1986.

— *Histoire de la langue française* (en collab. avec Chr. MARCELLO-NIZIA), Nathan, 1989.

QUEMADA (Bernard), *Les dictionnaires du français moderne (1539-1863)*, Paris, Didier, 1968.

— *Matériaux pour l'histoire du vocabulaire français*, Paris, Klincksieck, depuis 1970.

REY (A.), *La lexicologie : lectures*, Paris, Klincksieck, 1970.

REY-DEBOVE (J.), *Etude linguistique et sémiotique des dictionnaires français contemporains*, La Haye, Mouton, 1971.

P. RÉZEAU, G. TUAILLON, etc., *Matériaux pour l'étude des régionalismes français*, Paris, Klincksieck, 1983-1990.

SAUVAGEOT (A.), *Portrait du vocabulaire français*, Paris, Larousse, 1964.

TAMBA-MECZ (I.), *Le sens figuré. Vers une théorie de l'énonciation figurative*, Paris, P.U.F., 1981.

ULLMANN (S.), *Précis de sémantique française*, Berne, 1952.

WAGNER (R. L.), *Les vocabulaires français*, Paris, Didier, t. I, 1968; t. II, 1970.

On se reportera, d'autre part, aux études citées dans les pages qui précèdent ainsi qu'aux sommaires des revues : *Etudes de linguistique appliquée, Le Français moderne, Langages, Langue française, Lexique, La Linguistique, Bulletin de la Société de Linguistique, Cahiers de lexicologie, Mots, Pratiques, Le Français dans le monde, Dictionnaire et lexicographie, Revue de linguistique romane, Zeitschrift für romanische Philologie.* L'Institut national de la Langue française, à Nancy, publie une bibliographie semestrielle des études de lexicologie française dans son *Bulletin analytique de linguistique française.* On consultera enfin les introductions au *Grand Larousse de la langue française* et au *Trésor de la langue française* (C.N.R.S. et éd. Gallimard).

TABLE DES MATIÈRES

Introduction 3

Chapitre Premier. — L'inventaire des mots 7

—   II. — Les couches diachroniques du vocabulaire français 16

—   III. — Les structures formelles du vocabulaire français : la dérivation 24

—   IV. — Les structures formelles du vocabulaire français : la composition, les locutions, les abréviations et les sigles, les mots étrangers 48

—   V. — Les structures sémantiques 73

—   VI. — Le mouvement sémantique dans le vocabulaire français 83

—   VII. — La lexicographie et la lexicologie ... 103

Conclusion 124

Bibliographie................................... 126

Imprimé en France
Imprimerie des Presses Universitaires de France
73, avenue Ronsard, 41100 Vendôme
Février 1996 — N° 42 050